INHALTSVERZEICHNIS

Einführung

Von all den großen und berühmten Geistwesen, welche die schwierige Kunst der dauernden Verbindung mit unserer Welt beherrschen, wird niemand so geliebt und mit Recht verehrt wie Silberbirke, der immer weise und redegewandte, aber stets bescheidene Geistführer von Hannen Swaffers häuslichem Zirkel.

Es ist der Zweck dieses Buches, von dem großen Schatz von Silberbirkes Äußerungen, von seinen denkwürdigen Lehren zu berichten, von seinen Ansichten, seinen Erklärungen und Darlegungen, die von dauernder Bedeutung für die Menschheit sind, die nur unter großen Schwierigkeiten geistige Wahrheiten zu verstehen beginnt.

Ich hatte ursprünglich beabsichtigt, aus den sieben Büchern Silberbirkes bestimmte Abschnitte zu einer Anzahl von Themen auszuwählen. Es war eine Art Bettlektüre seiner Bücher, die ich im Sinn gehabt hatte.

Aber ganz so leicht war es nicht. Ich stellte fest, daß er wie ein großer Künstler, wie ein Dramatiker oder Komponist ständig die Hauptgebiete menschlicher Erfahrungen oder die ewigen Wahrheiten kosmischer Gesetze behandelt. Wenn wir zu etwas verhältnismäßig Unwichtigem eine Frage an ihn richten, dann wird er es auch als etwas wenig Wichtiges behandeln und immer wieder zu den Hauptpunkten seiner Lehren zurückkehren.

Was ich dann zu tun versucht habe, war, diese Lehren zu ergründen und zu zeigen, was er über Wahrheit, Tod, Furcht, Liebe, Unsterblichkeit, über die Gesetze des Lebens, den Großen Geist – sein Name für Gott – und einige andere ewige Fragen der Menschheit zu sagen hat.

Es besteht kein Zweifel an Silberbirkes Redegewandtheit. Ein erfahrener Journalist sagte dazu:

„Die Lehren Silberbirkes sind ein Beispiel für geistige Alchemie, für seine Kunst, die 26 Buchstaben des Alphabets in Worte leuchtender Schönheit zu verwandeln. Als jemand, der sein ganzes Leben mit Schreiben verbracht hat, kann ich beurteilen, daß die Fähigkeit, Woche für Woche Worte voller Weisheit in klarer, beredter Sprache und ohne zu zögern zu sprechen, an sich schon ein Beweis ihrer übernatürlichen Herkunft ist.

Wie andere Journalisten, die von ihrer Feder leben, weiß ich, daß es ganz besonders schwierig ist, einfaches Englisch zu schreiben. Ich weiß, daß wir Sätze zu ändern, zu feilen, auszulassen und zu streichen haben, daß wir immer wieder Bücher und Verzeichnisse befragen müssen, bevor wir zufrieden sind. Aber hier ist ein ‚Toter', der ohne anzuhalten vollendete Prosa spricht. Alles, was er sagt, ist von gesundem Menschenverstand, gibt uns Anlaß zum Nachdenken, erhebt und veredelt uns.

Für ihn ist Religion nichts anderes als unser Dienst am Nächsten. Er offenbart uns einen Gott der Naturgesetze, nicht einen persönlichen Stammesgott voller Launen, Zorn und Rachsucht. Silberbirkes Worte glänzen wie Diamanten. Er ist ein hochentwickeltes Geistwesen, voll Liebe für die Menschheit, das sich bemüht, Wahrheiten zu lehren, die den weltlich Klugen verborgen bleiben, aber sich Menschen offenbaren, die von einfachem Gemüt wie die Kinder sind. Es ist die erhabene Botschaft des Dienstes am Nächsten, die er einer verwirrten Menschheit verkündet, aber er scheint eine unendliche Zahl von Möglichkeiten zu kennen, seine Lehren zum Ausdruck zu bringen.

Als jemand, der seine Lehren seit Jahren liest, grüße ich in ihm einen Meister der englischen Sprache, einen großen Schriftsteller, den ich liebe und verehre."

In einem Brief an Hannen Swaffer schrieb kein Geringerer als Lord Beaverbrook, nachdem er ein Exemplar von *Silberbirkes Lehren*, das erste in einer Reihe von Büchern über die Lehren Silberbirkes, gelesen hatte: „Das Buch enthält Abschnitte von großer Schönheit, und ich war über die einfache, klare Sprache überrascht."

Die Zeitung *Natal Daily News* schrieb anläßlich der Besprechung von *More Teachings of Silver Birch*, dem zweiten Silberbirkebuch in der genannten Reihe: „Selten ist die englische Sprache so leicht, so einfach und so schön angewandt worden.“ Der Rezensent nennt es „Das Buch der Woche“ und bezeichnet es „wenn schon nicht anders, als einen meisterhaften Gebrauch der englischen Sprache.“ Ein Abschnitt des Buches erhielt das Lob: „Das übertrifft die dramatische Schreibweise Winston Churchills.“

Ein ähnliches Lob, diesmal für *Wisdom of Silver Birch*, das dritte Buch in der genannten Reihe, wurde von der Zeitschrift *Aberdeen Press and Journal* ausgesprochen, wo es heißt: „Viele der Äußerungen des Geistführers verwenden eine Prosa, die in ihren besten Beispielen fast der Sprache Churchills gleichkommt.“

Eine schönere, dabei gleichzeitig einfachere Philosophie kann auch bei den Gründern der großen Religionen nicht gefunden werden. Aber auch im Vergleich zu diesen ist Silberbirke einzigartig, denn er lehrt und spricht als jemand, der aus einer anderen Daseinsebene kommt.

Pantheistisch im besten Sinne des Wortes, voller Selbstlosigkeit, Einfachheit und Weisheit hören seine lichten, klaren Worte niemals auf, die überragende Bedeutung des geistigen Lebens und die Notwendigkeit des Mitgefühls für unsere Mitmenschen zu betonen, und immer wieder fordert er ein Leben des Dienens für, wie er sich ausdrückt, den Großen Geist.

Bei Silberbirke finden wir dieselbe Anteilnahme am menschlichen Leid und die gleiche Achtung für das menschliche Leben, die dem größten Heiligen unserer Zeit, Albert Schweitzer, eigen war. Bei Silberbirke finden wir dieselbe Klarheit des Blickes und die Erkenntnis der geistigen Natur in allen Dingen, welche die schöpferische Dichtung Shelleys auszeichnet. Aber nicht wie diese beiden hochbegabten Männer, deren philosophische Gedanken und manchmal auch deren Werke und Taten von den Menschen nicht verstanden werden, ist Silberbirke kein Intellektueller. Für ihn gibt es nur eine einzige Regel, die er immer wieder mit Nachdruck zum Ausdruck bringt, – die Erfüllung des Gesetzes.

Was meint Silberbirke mit dem Gesetz? Silberbirke mag diese Frage selbst beantworten...

Kapitel 1

Das unfehlbare Gesetz von Ursache und Wirkung

„Der Große Geist ist unendlich, und ihr seid ein Teil des Großen Geistes. Wenn ihr ein festes Vertrauen habt und ein rechtschaffenes Leben führt, seid ihr imstande, an der Fülle der Gaben des Großen Geistes teilzuhaben. Wenn ein jeder in eurer Welt ein festes Vertrauen hätte, würden ihm die Gaben des Großen Geistes zuteil. Wenn jemand hungrig ist, aber ein festes Vertrauen hat, wird ihm geholfen werden.

So wirkt das Gesetz. Wenn ihr lernt, nach dem Gesetz zu leben, wird euch geholfen werden. Wenn euch nicht gegeben wird, so beweist das nur, daß ihr nicht dem Gesetz entsprechend lebt. Eure Geschichtsbücher lehren euch, daß die Niedrigsten der Niedrigen, die Ärmsten der Armen das Gesetz befolgt haben und daß es sie nicht im Stich gelassen hat. Ihr dürft nicht auf diejenigen zeigen, die es nicht befolgen und sich dann fragen, warum es bei ihnen nicht wirkt.

Manchmal wird euer Geist unterdrückt und kann die euch umgebenden Schwierigkeiten nicht überwinden, aber wenn ihr vollkommenes Vertrauen habt, könnt ihr euch von all den Sorgen eurer Welt befreien.

Ihr würdet euer Gesicht der Sonne zuwenden, die nur ein Sinnbild des Großen Geistes ist, und sagen: ‚Ich bin ein Teil des Großen Geistes. Ich bin unzerstörbar, ich bin ewig, ich bin unendlich. Endlich ist nur ein Teil der stofflichen Welt; es kann mich nicht berühren.' Wenn ihr dies tätet, könnte euch kein Leid zugefügt werden.

Viele haben ein furchtsames Herz. Sie fürchten, daß sie nichts erreichen, und ihre Furcht stört ihre Schwingungen. Vollkommene Liebe besiegt die Furcht. Sucht zuerst das Königreich Gottes und seine Gerechtigkeit, dann wird euch alles zuteil werden.

Das wurde euch vor vielen Jahren von jemand gelehrt, der das Gesetz kannte. Er zeigte den Menschen, daß sie, wenn sie danach lebten, immer nur Gutes erreichen würden. Wenn ihr dem Gesetz zu wirken gestattet, werden euch die Ergebnisse zufriedenstellen.

Ich will euch von einem anderen Gesetz berichten. In dieser Welt des Stoffes könnt ihr nichts erlangen, ohne den Preis dafür zu zahlen. Der Preis für mediale Gaben ist eine erhöhte Empfindsamkeit. Ihr könnt keine Reichtümer erwerben, ohne den Preis dafür zu zahlen, denn wenn ihr so handelt und eure geistigen Pflichten vergeßt, seid ihr vielleicht reich an irdischen Gütern, aber sehr arm in der geistigen Welt.

Die größten Reichtümer bergt ihr in euch selbst. Ihr seid ein Teil des Großen Geistes. Es gibt keine Reichtümer, keinen Besitz in eurer Welt, der damit zu vergleichen ist. Wir wollen euch lehren, eure eigenen Goldminen abzubauen, wollen euch die Diamanten des Geistes zeigen, die in den Tiefen eurer Natur verborgen sind.

Möget ihr alle lernen, die Schwingungen der höchsten geistigen Ebenen zu empfinden. Möget ihr alle erkennen, daß ihr niemals allein, sondern immer umgeben seid von einer Schar von Geistwesen, die euch lieben, die euch zu schützen, zu leiten und zu lenken wünschen, und möget ihr erkennen, wenn euer eigener Geist sich entfaltet, daß ihr dem Großen Geist näherkommt und mehr im Einklang mit seinem Gesetz zu leben trachtet.

Ihr dient dem Großen Geist, wenn ihr den Menschenkindern zu dienen trachtet. Wenn ihr dies tut, dann umfassen euch seine unendlichen Arme, dann seid ihr in seine Liebe eingehüllt, die euch völligen Frieden schaffen wird.

Der Glaube, d.h. der Glaube allein, genügt manchmal nicht, wenn die Stürme bitterer Erlebnisse wehen. Aber der Glaube, der aus dem Wissen geboren wird, schenkt euch eine Zuversicht, die so stark ist, daß kein Sturmwind sie erschüttern kann.

Selig ist, wer glaubt, aber noch nicht gesehen hat. Aber dreifach seliger ist, wer weiß und, weil er weiß, auch das glaubt, was ihm noch nicht offenbart worden ist, denn er weiß, daß die Gesetze der Natur von einer Kraft gelenkt werden, die Liebe und Weisheit ist.

Ihr solltet alle einen vollkommenen Glauben haben, weil es ein Glaube ist, der durch das Wissen entstand. Es ist euch die Kraft des Geistes gezeigt worden, und nun solltet ihr das Vertrauen haben, daß alle Dinge weise und gut zusammenwirken und daß, wenn ihr die Gesetze des Großen Geistes befolgt, ihr die Früchte eures Verhaltens ernten werdet.

Ihr solltet alle den Gedanken von euch weisen, daß etwas, was unentwickelt oder, wie ihr sagt, böse ist, euch jemals berühren kann. Ihr lebt und handelt im Schutz des Großen Geistes und seiner Gesetze.

Wenn in euren Herzen kein Arg ist, kann euch nur das Gute erreichen, denn nur Gutes kann es geben, wenn Güte herrscht. Aus meiner Welt kommen nur die Diener des Großen Geistes zu euch. Ihr braucht keine Furcht zu haben. Die Kraft, die euch umgibt, die euch erhält, führt und eure Gedanken beeinflußt, ist die Kraft, die vom Großen Geist ausgeht.

Diese Kraft kann euch in allen Schwierigkeiten und Versuchungen erhalten. Diese Kraft kann eure Stürme in Sonnenschein verwandeln, kann euch aus der Dunkelheit der Verzweiflung zum Licht des Wissens führen. Eure Füße wandeln auf dem Wege des Fortschrittes. Es besteht kein Grund zur Furcht.

Vollkommene Liebe überwindet die Furcht. Das Wissen vertreibt die Furcht, denn die Furcht entsteht aus der Unwissenheit. Wo Liebe, Vertrauen und Wissen herrscht, kann es keine Furcht geben. Ein fortgeschrittener Geist kann niemals furchtsam sein, weil er weiß, daß es zu keiner Zeit seines Lebens für ihn eine Lage gibt, die er nicht meistern kann, denn er ist ein Teil des Großen Geistes.

Furcht bewirkt Gefangenschaft für die Seele. Ihr müßt lernen, euch über die Furcht zu erheben und nicht zuzulassen, daß eure Schwingungen euch daran hindern, einen festen Glauben und ein vollkommenes Vertrauen zu haben, und zu wissen, daß ihr fest auf euren Füßen stehen und sagen könnt: ‚Ich bin ein Teil des Großen Geistes, und widrige Winde können mich nicht erschüttern. Ich will durch die unendliche Kraft in meiner Seele jede Schwierigkeit überwinden.' Ihr seid stärker als alles, was euch befallen mag. Wollt ihr die Kraft der unendlichen Seele beschränken?

Der Große Geist herrscht über das Stoffliche und das Geistige. In seinem Reich gibt es keine Grenzen. Versucht nicht, das Reich des Stofflichen vom Reich des Geistes zu trennen. Sie sind nicht ganz verschieden und geteilt. Sie sind ein Teil desselben unteilbaren Lebens, denn die stofflichen Dinge wirken auf die Dinge des Geistes, und die Dinge des Geistes wirken auf die Dinge des Stoffes.

Ihr müßt noch lernen, daß es für Menschen mit der Kraft des Geistes keine Schwierigkeiten gibt, die sie nicht überwinden können, solange sie dem Großen Geist dienen, wo immer sie sind.

Es gibt in eurer Welt keine Hindernisse, die wir nicht beseitigen können, wenn das Gesetz es will, daß sie beseitigt werden. Wenn auch manchmal das Kreuz, das ihr tragt, sehr schwer erscheint, dann vergeßt nie, daß, obwohl ich gern alles täte, um es euch abzunehmen, es für euch besser ist, es zu tragen und seine Lektionen zu lernen. Ihr dürft nicht nur an euer jetziges Leben denken, sondern müßt die ganze Ewigkeit bedenken.

Wenn ihr Kinder der Welt nur bedenken würdet, daß ihr nicht nur Menschen, sondern auch Geistwesen seid, dann wäre es für mich viel leichter, euch in eurem Leben zu führen.

Eure Sorgen würden vergehen, eure Hindernisse würden aus dem Weg geräumt werden. Aber ihr habt nur ein geringes Vertrauen zu der Kraft, die in euch wohnt. Was ihr menschlich nennt, gehört zu der Welt des Stoffes. Was göttlich ist, gehört zu dem Großen Geist.

Vor vielen Jahren wurde euch gesagt, daß ihr in der Welt, aber nicht von der Welt seid. Weil die Menschen eurer Welt keinen Glauben haben, kann das Gesetz nicht wirken. Ihr fragt, warum ein anderer mehr Geld und weniger Sorgen hat. Aber ihr kennt seine Sorgen gar nicht. Die Gesetze des Großen Geistes können nicht umgangen werden.

Ihr seid auf Erden, um euren Charakter zu entwikkeln. Es ist die Art, wie ihr eure Probleme anpackt, die euren Charakter bildet. Aber es gibt keine Schwierigkeit in eurer stofflichen Welt, die größer ist als die Kraft, die euch innewohnt, weil eure Schwierigkeiten irdisch sind, stofflich, und weil ihr ein Teil des ewigen Großen Geistes seid.

Es gibt nur einen einzigen Frieden, den Frieden, der denen zuteil wird, die eins sind mit dem Großen Geist, deren Herzen wie Seines schlagen, deren Wille Seinem großen Willen ähnlich ist, die in der Seele, dem Geist des Menschen, Ihm gleichkommen wollen. Dann habt ihr Frieden, weil ihr nach Seinen Gesetzen lebt. Es gibt keinen anderen Frieden.

Ich kann euch nur die Gesetze lehren. Vor vielen Jahren wurde euch gesagt, daß das Himmelreich in euch sei. Es ist nicht außerhalb von euch. Ihr findet es nicht in dem Getriebe der stofflichen Welt, ihr findet es nur in eurer Seele.

Das Gesetz ist so ausgeglichen und vollkommen, daß ein Betrug nicht möglich ist. Niemand entgeht seiner Strafe, und jeder wird seinen Lohn empfangen. Seht die Ewigkeit nicht mit euren stofflichen Augen!

Richtet euch nicht nach dem Kleinen, wenn ihr das Große nicht gesehen habt!

Verwechselt nicht die vergänglichen Freuden auf Erden mit den ewigen Dingen des Geistes! Die Freuden der Erde sind oberflächlich und von kurzer Dauer. Ihr denkt mit Worten der Erde, während ich alles mit den Augen des Geistes sehe. Ich kann das Gesetz nicht ändern, um euch einen Gefallen zu erweisen.

Wenn ihr alle jene fragt, die aus meiner Welt zu euch zurückkommen, dann werdet ihr finden, daß sie alle sagen, das Gesetz sei vollkommen. Sie wünschen niemals, zu der stofflichen Welt zurückzukehren. Ihr versucht, draußen Frieden zu finden. Ich versuche, euch den ewigen Frieden in euch selbst zu zeigen. Die größten Reichtümer sind die Reichtümer des Geistes.

Viele Menschen machen sich immer Sorgen. Auch in der Welt des Geistes machen sie sich Sorgen. Sie tun dies, weil sie erkennen, daß sie vollkommener sein könnten, daß sie unvollkommene Werkzeuge des Großen Geistes sind. Nur durch Mühe und Qual können sie die Unvollkommenheiten ihrer Natur überwinden und den göttlichen Funken in ihnen aufleuchten lassen.

Glaubt ihr, wir seien glücklich, wenn wir die Arbeit erkennen, die wir noch zu leisten haben? Glaubt ihr, es schmerze uns nicht, wenn wir sehen, daß den Kindern eurer Welt vorenthalten wird, was sie für ihr Leben brauchen, oder wenn wir falsche Lehren hören, die im Namen des Großen Geistes verkündet werden?

Glaubt ihr, es bereite uns keinen Schmerz, wenn wir Dunkelheit sehen, wo das Licht leuchten sollte, wenn die Menschen nicht frei sind von ihren Begierden, wenn sie frei sein könnten, wenn wir das Chaos sehen, das in eurer Welt verursacht wurde?

Wir fühlen Schmerz, weil unsere Herzen voller Mitleid sind, weil wir es bewirken wollen, daß die Liebe des Großen Geistes uns und euch in eurer stofflichen Welt durchströmt, wo so vielen das vorenthalten wird, was ihr Erbteil ist. Der Große Geist hat ihnen alles im Überfluß geschenkt, aber es wird ihnen vorenthalten. Ihr könnt nicht hochentwickelte Menschen sein, wenn andere hungern und ihr selbst alles im Überfluß besitzt.

Am schwersten ist es für uns, wenn wir euch leiden sehen und dabei untätig sein müssen. Wir wissen, daß wir dann nicht helfen dürfen, weil es ein Kampf eures eigenen Geistes ist. Wenn ihr euren eigenen Kampf gewinnt, dann haben wir auch gewonnen. Wenn ihr verliert, dann haben auch wir verloren. Es ist die ganze Zeit über auch unser Kampf, aber wir dürfen keinen Finger rühren, um euch zu helfen.

Manchmal habe ich Tränen geweint, wenn ich euer Leid gesehen habe und wußte, daß ich nicht helfen durfte. Das ist das Gesetz. Es hat mir mehr Schmerz bereitet als den Leidenden.

Tut, was, wie ihr wißt, richtig ist; mehr könnt ihr nicht tun. Wenn das bedeutet, daß ihr euch manchmal verleugnen müßt, dann müßt ihr es trotzdem tun. Eines Tages wird es für euch einen Ausgleich geben.

Ich kann eure Probleme nicht für euch lösen. Wenn ich euch sage, was ihr tun sollt, dann greife ich in euren freien Willen ein. Wenn ich beginne, meinem Medium zu sagen, was es tun und was es nicht tun soll, so ist dies das Ende seines freien Willens. Dann gibt es Hindernisse für seinen Fortschritt.

Es ist die Art, wie ihr eure Probleme löst, die das entwickelt, was ihr an Gaben habt. Ihr entwickelt euren Geist nicht, wenn euer Leben leicht und glatt verläuft, sondern wenn ihr Schwierigkeiten habt. Aber es gibt Zeiten, in denen wir uns berechtigt fühlen, in euer Leben einzugreifen.

Ich möchte eingreifen, wenn es um etwas Lebenswichtiges und Grundsätzliches geht. Wenn zum Beispiel meine Arbeit durch mein Medium unterbrochen werden könnte, dann würde ich eingreifen, so daß ich weiterhin zu euch sprechen könnte. Aber wenn die Probleme nur die eigene Entwicklung meines Mediums berühren würden, dann wäre es selbst verantwortlich und müßte selbst versuchen, sie zu überwinden."

Silberbirke leistete einmal einen Beitrag zu einem Gespräch über Gartenbau unter Mitgliedern seines Zirkels, indem er sagte:

„Säen und ernten ist ein Teil des Naturgesetzes, von dem ich wünsche, daß es von mehr Menschen beachtet würde. Es geschieht durch den Anbau der Früchte dieser Erde, daß ihr lernt, wie unwandelbar die Gesetze des Großen Geistes sind. Wer dem Boden nahe lebt und das Wirken der Naturgesetze sieht, beginnt das göttliche Wirken zu verstehen und den Großen Geist zu ahnen, der alles in seinem ordentlichen Ablauf geplant hat.

Was geerntet wurde, mußte erst gesät werden. Die Saat bleibt sich selbst immer treu. Ihr könnt nicht Samen von Bohnen säen und erwarten, daß ihr Kopfsalat ernten werdet. Alles, was gesät wurde, folgt unwandelbar dem Naturgesetz, und was für das Naturreich gilt, gilt gleichermaßen für das Reich des menschlichen Lebens und seine Tätigkeit.

Wer ein selbstsüchtiges Leben führt, muß die Folgen seiner Selbstsucht ertragen. Wer sündigt, muß für seine Sünden büßen. Wer unduldsam, blindgläubig oder selbstsüchtig ist, wird die Früchte seiner Unduldsamkeit, seines blinden Glaubens und seiner Selbstsucht ernten. Das Gesetz ist unwandelbar und unveränderlich. Es gibt keine religiöse Übung, kein frommes Singen, kein Gebet, kein heiliges Buch, das das Naturgesetz aufheben und die Folge von Ursache und Wirkung verändern kann.

Die Wirkung folgt der Ursache mit automatischer Sicherheit, und niemand hat die Kraft, sei er Priester oder Laie, diesen natürlichen Vorgang zu beeinflussen. Wer die Entwicklung seines Geistes wünscht, muß ein Leben führen, das allein geistiges Wachstum ermöglicht.

Der Geist wächst durch Duldsamkeit, Mitgefühl, Liebe, Dienst am Nächsten und durch gute Werke. Eure Wesensart entwickelt sich nur, wenn ihr dem göttlichen Geist erlaubt, sich in eurem täglichen Leben zum Ausdruck zu bringen. Wenn ihr unfreundliche Gedanken hegt, Gedanken des Hasses, der Bosheit, der Rache oder der Selbstsucht, werdet ihr selbst die Opfer sein, und ihr selbst müßt den Preis zahlen für einen unerfreulichen, häßlichen und verdorbenen Charakter.

Jede Gesetzmäßigkeit ist ein Teil eines großen Gesetzes. Alles wirkt harmonisch zusammen, weil alles ein Teil des göttlichen Planes ist. Die Lehre ist, daß alle Männer und Frauen in der ganzen stofflichen Welt ihre eigene Höherentwicklung anstreben müssen, indem sie das Gesetz in ihrem eigenen Leben befolgen und die ganze falsche Theologie aufgeben, die lehrt, daß es möglich ist, die Folgen und die Verantwortung für das eigene Tun anderen aufzubürden.

Der Mensch ist der Gärtner seiner eigenen Seele. Der Große Geist hat sie ihm mit allem verliehen, was nötig ist, um in Freiheit, Annehmlichkeit und Schönheit zu wachsen. Der Mensch hat die Gaben; er hat sie nur weise und gut anzuwenden."

Bei einer anderen Gelegenheit erklärte er: „Das Gesetz ist vollkommen in seiner Wirkung. Die Wirkung folgt immer der Ursache mit mathematischer Sicherheit. Kein Mensch hat die Kraft, auch nur um Haaresbreite die Folge von Ursache und Wirkung zu verändern. Was geerntet wird, muß vorher gesät werden, und die Seele jedes Menschen nimmt unauslöschlich alles auf, was er im irdischen Leben getan hat. Wer gegen das Gesetz verstoßen hat, trägt in seiner Seele die Spur seines irdischen Tuns, und er wird keine Fortschritte machen, bevor er nicht jede falsche Tat wiedergutgemacht hat."

Für Silberbirke ist das Gesetz Gott, und Gott ist das Gesetz. Er sagt: „Es gibt keinen persönlichen Gott außer dem Gott, den die Menschenwesen geschaffen haben; es gibt keinen persönlichen Teufel außer dem einen, den die Menschenwesen selbst geschaffen haben. Es gibt keinen goldenen Himmel, keine feurige Hölle. Dies sind die Vorstellungen von Menschen, deren Ansichten beschränkt sind. Der Große Geist ist das Gesetz. Erkennt dies, und ihr habt das größte Geheimnis des Lebens erkannt, denn wenn ihr begreift, daß die Welt durch ein unveränderliches, unüberschreitbares, allmächtiges Gesetz regiert wird, dann wißt ihr, daß Gerechtigkeit geschieht und niemand in dem großen Plan der Schöpfung vergessen wird.

Nichts bleibt verborgen. Nichts kann daher unbeachtet bleiben. Jede Minute eures Lebens ist daher im Weltplan aufgezeichnet. Nichts kann daher übersehen werden, denn das Gesetz umfaßt euer ganzes Leben, einerlei, ob es sich um etwas Geringfügiges oder etwas Großes handelt, denn das Gesetz gilt für alles. Nichts ist vorhanden, wenn das Gesetz es nicht zuläßt. Das Gesetz lenkt alles vollkommen und weise. Der freie Wille des Menschen schafft Verwirrung und läßt ihn das Wirken des Gesetzes in seinem Sinn nicht erkennen, aber das Gesetz ist trotzdem da und muß sich auswirken. Ich weiß, daß die Theologie für eure Welt ein großer Fluch gewesen ist, aber ihr Ende ist nahe."

Kapitel 2

Warum wir leiden

So fest ist seine Überzeugung, so klar seine Auslegung des Gesetzes, daß Silberbirke manchmal teilnahmslos und gefühllos erscheint.

„Wir verweisen auf das Gesetz, das ein Gesetz ist", erklärt er, „ein Gesetz, das immer bestanden hat, weil der Ewige Geist dafür verantwortlich ist. Lebt mit diesem Gesetz, und ihr lebt in Harmonie und innerem und äußerem Frieden. Wenn ihr aber dem Gesetz zuwider lebt, dann habt ihr innen und außen Unfrieden und Chaos. Ihr seid geistige Wesen. Eines Tages werdet ihr dies erkennen. Es ist besser, wenn ihr dies jetzt erkennt und euch später Jahre unnötiger Qual erspart."

Eine solche klare Sprache könnte als Gefühllosigkeit gedeutet werden, wenn ein unentwickelter Mensch oder jemand, den die Tränen des Schmerzes blind machen, den Geistführer von der Notwendigkeit des Leidens und der Sorgen sprechen hört. Aber wie Silberbirke erklärt hat: „Der Große Geist ist unendliche Liebe, und nichts geschieht im unendlichen Weltall ohne Sein Wissen. Jedes Leid bringt automatisch seinen eigenen Lohn mit sich, weil es die Seele anrührt und dadurch ein größeres Verständnis für die höheren und tieferen Seiten des Weltalls vermittelt."

Er sagte zu den Zirkelteilnehmern einmal: „Eure Welt versteht nicht den Sinn von Schmerz, Leid, Schwierigkeiten und Not, aber all dies spielt eine wichtige Rolle in der Entwicklung der menschlichen Seele. Schaut auf euer eigenes Leben zurück und erkennt, daß oft die größten Krisen, die schwierigsten Probleme, die dunkelsten Stunden die Stufen waren, die zu größerem Verständnis führten. Ihr könnt euch nicht entwickeln, wenn immer die Sonne scheint, wenn ihr keine Sorgen habt, keine Angst und keinen Kummer, wenn jede drohende Gefahr überwunden wird, wenn auf eurem Wege keine großen Steine liegen, wenn es nichts gibt, wofür ihr kämpfen müßt. Ihr wachst innerlich nur durch äußere Mühen und ihre Überwindung."

„Jede Erfahrung ist für einen Teil eures Lebensmusters", sagte er zu den Zirkelteilnehmern bei einer anderen Gelegenheit. „Ihr versucht, die Ewigkeit nach weltlichen Geschehnissen zu messen. Im Stofflichen scheint euch alles planlos zu sein, und ihr erkennt nicht, daß euer ganzes Leben göttlich gelenkt wird.

Im großen Weltall, wo Harmonie Gesetz ist, trägt jeder von euch seinen Teil zum großen Plan bei. Die Ereignisse in eurem Leben, manchmal voller Bitterkeit, Verzweiflung, Schmerz und Leid, tragen alle dazu bei, die Seele langsam auf den Weg vorzubereiten, den sie gehen muß.

Die Dunkelheit und das Licht, der Schatten und der Sonnenschein, das alles gehört zu einem großen Ganzen. Ohne Schatten gäbe es kein Licht, und ohne Licht gäbe es keinen Schatten. Die Schwierigkeiten des Lebens sind Prüfsteine, die es der Seele ermöglichen, sich zu entwickeln.

Eure Schwierigkeiten, Hindernisse, Beschwerden, – das sind Prüfungen der Seele. Und wenn sie alles besteht, dann ist sie stärker, gereinigter, tiefer im Empfinden und höher entwickelt.

Glaubt ihr, daß die verborgenen Kräfte der Seele, die in ihren Ausdrucksmöglichkeiten unendlich sind, sich ohne Schwierigkeiten und Schmerzen, ohne Schatten, ohne Sorgen und Leid offenbaren könnten? Natürlich nicht!

Freude und Heiterkeit könnt ihr nur völlig genießen, wenn ihr wenigstens einmal den Kelch des Leids bis zur Neige geleert habt, denn so tief ihr in der Waagschale des Lebens gesunken seid, so hoch wird sie sich mit euch heben. Je mehr ihr erlitten und erlebt habt, um so mehr werdet ihr dadurch die große Freude des Sonnenscheins zu schätzen wissen.

Eure Erlebnisse sind alle ein Teil eurer Entwicklung. Eines Tages, wenn ihr frei seid von den Fesseln des Fleisches, wenn eure Augen nicht länger durch den Nebel des Stofflichen verdunkelt sind, werdet ihr auf euer Leben auf Erden zurückblicken; und in der Menge alles dessen, was ihr erlebt habt, werdet ihr sehen, daß alles seinen bestimmten Platz hat, daß jedes Erlebnis für euch eine Lehre war, um die Seele lebendiger zu machen und sie in den Stand zu setzen, ihre Fähigkeiten besser zu verstehen.

Es gibt kein Erlebnis für die menschliche Seele, wenn es richtig verstanden und beurteilt wird, das für euch keinen Nutzen gehabt hat. Könnt ihr euch eine stoffliche Welt vorstellen, in der es keine Schwierigkeiten gibt, keine Versuchungen, keine Mühe, keinen Schmerz, kein Leid? Dann gäbe es keine Entwicklung. Es gäbe nichts, wofür ihr kämpfen müßtet. Ihr würdet zugrundegehen."

Kapitel 3

Die stärkste Kraft ist die Liebe

„Es gibt im Weltall eine große Kraft, die niemals in einem Labor untersucht, die weder durch ein chemisches Mittel noch durch ein Skalpell aufgezeigt werden kann, die jedoch so allgegenwärtig ist, so stark, daß sie alle anderen Kräfte übertrifft, welche gemessen, gewogen oder in Teile zerlegt worden sind."

Silberbirke bezieht sich auf die Macht der Liebe. „Diese Liebe", fährt er fort, „stirbt nicht, weil sie ein Teil des schöpferischen Geistes in unserem Leben ist, ein Teil der Kraft, die das Leben geschaffen hat; sie ist in der Tat der wirkliche Atem und das Wesen des Lebens. Wo immer diese Liebe vorhanden ist, werden die Menschen, die sie erfüllt, trotz aller Hindernisse und Schwierigkeiten, die sie überwinden müssen, zueinander finden."

Bei einer Gelegenheit wurde Silberbirke gefragt: „Du sagst, das einzige Band zwischen den Verstorbenen sei die Liebe. Wie verhält es sich, wenn A innig B liebt, dessen Liebe aber von B nicht erwidert wird, nachdem beide verstorben sind? Ist A darum von B getrennt, oder ist B durch die Nähe von A belastet, weil dieser ihn einseitig, aber aufrichtig liebt?"

„Das", sagte der Geistführer, „ist eine sehr gute Frage, aber das Wort Liebe ist eines der am meisten mißbrauchten in eurer Sprache. Ich höre manchmal die Menschen sagen: ‚O, sagt diesem oder jenem, daß ich ihn oder sie liebe, obwohl ich ihn oder sie im tiefsten Grunde verachte.' Und viele andere, die vielleicht betört sind – laßt es mich offen sagen – durch körperliche Leidenschaften, glauben, daß ihre Zuneigung auf Liebe beruht.

Laßt uns zunächst einmal klarstellen: Wirkliche Liebe ist selbstlos, ist Liebe, die nichts für sich wünscht, sondern in ihrer reinsten Form die ganze Menschheit umfaßt. Ihr seid keine entwickelten Seelen, wenn ihr nicht sagen könnt: Ich liebe die ganze Menschheit.

Das ist ein Ideal, und eure Welt ist weit davon entfernt. Aber es gibt die Liebe, die unzerstörbare Liebe, zwischen Mann und Frau, die sich gegenseitig ergänzen, das heißt, sie sind zwei Menschen von verschiedener Prägung, aber eins in ihren Zielen. Sie bilden eine Harmonie, sie sind in der Tat, wie einer eurer Dichter es ausgedrückt hat, ‚zwei Herzen, die wie eines schlagen'. Und nun, wo die Liebe sich gefunden hat, gibt es keine Trennung mehr. Die Menschen, die das Naturgesetz ganz durch Liebe verbunden hat, können weder in eurer Welt noch in der meinen getrennt sein.

Es gibt Formen der Zuneigung, der Hingabe, des Wunsches, dem anderen zu helfen, göttliche Gefühle, die für Liebe gehalten werden, aber die echte Liebe, die jeder Mann und jede Frau nur einmal erlebt, entweder auf Erden oder in der geistigen Welt, wird immer erwidert. Ein solches Problem gibt es nicht, denn in unserer Welt, wenn die Zeit dafür reif ist, findet jeder die andere Hälfte seines eigenen Ichs."

Ein Mitglied des Zirkels fragte: „Sind sich beide zur gleichen Zeit bewußt, daß es eine Liebe auf Gegenseitigkeit ist?"

„Nicht unbedingt auf Erden, aber in der geistigen Welt", war die Antwort.

„Einer von beiden weiß dies vielleicht früher als der andere", warf jemand ein.

Er antwortete: „Aber die beiden Hälften müssen sich, weil sie zwei Hälften sind, als solche erkennen. Das geschieht in eurer Welt nicht immer, weil eure Erkenntnisfähigkeit, was die Dinge des Geistes betrifft, oft sehr gering ist."

„Körperliche Dinge könnten unsere Erkenntnis verhindern", sagte ein anderer.

„Ja, körperliche Verhältnisse", stimmte Silberbirke zu. „Aber echte Liebe hat eine solche Anziehungskraft, ist so stark in dieser Zuneigung, daß sie sich finden und ihr Recht beanspruchen muß, wenn ihr erst einmal von den Unvollständigkeiten der Erde frei seid, die euch daran gehindert haben, euch zu erkennen.

Die Liebe nimmt viele Formen an, von der Freundschaft, die auf gegenseitiger Zuneigung beruht, bis zu den letzten Höhen, wo sie, ohne Gedanken an sich selbst, Hilfe leistet, wo immer sie nur kann", sagte Silberbirke als Antwort an jemand, der um eine Begriffsbestimmung der Liebe gebeten hatte. „Liebe ist ein Wort, das in eurer Welt mißbraucht wird", fuhr der Geistführer fort. „Sehr oft denken Menschen, die es gebrauchen, gar nicht an Liebe. Sie wird für die Empfindungen des Herzens gehalten, während es sich in Wahrheit um die Befriedigung gewisser Triebe handelt. Aber Liebe, wie ich sie verstehe, ist ein Teil des Geistigen, das in euch tätig ist, das sich auszudrücken wünscht, wenn er erkennt, daß er ein Teil des göttlichen Schöpfers ist.

Die größte Liebe ist die Liebe, die von jeder Selbstsucht frei ist, die niemals etwas tun möchte, was nur sich selbst Befriedigung verschafft. Das ist menschliche Liebe in ihrer reinsten Form. Von diesem Wunsch sind alle jene erfüllt, die zur Höherentwicklung der Menschen beitragen, den Schwachen beistehen und gegen Unrecht kämpfen, wo es die Unglücklichen daran hindert, das Schöne zu genießen, welches das Leben ihnen bieten könnte.

Alle Menschen, die in ihrem eigenen Land und in

der Fremde versuchten, aus selbstlosen Gründen die Ziele der anderen zu verbessern und sie ihre unendlichen Möglichkeiten erkennen zu lassen, drücken Liebe in ihrer reinsten Form aus. Es gibt Unterschiede, wenn der Geist einen Mann oder eine Frau anregt, dem Gegenstand seiner oder ihrer Zuneigung nachzukommen. Das braucht nicht selbstsüchtig zu sein, das kann selbstlos sein.

Und dann gibt es die niedrigste Form der Liebe, die Liebe, die beschränkt ist, die Liebe, die nur denen helfen und sie beschützen will, zu denen sie eine Zuneigung empfindet, die für Fremde kein Mitgefühl, keine Zuneigung, kein Mitempfinden hat. Aber die göttliche Liebe umfaßt das ganze Weltall. Es ist die Liebe, die den Lauf der Erde gelenkt, es ist die Liebe, welche die Entwicklung der Erde bestimmt hat, es ist die Liebe, die ein Teil des göttlichen Willens ist, es ist die Liebe, die alle hochentwickelten Geistwesen bewegt, die zu eurer kalten, grauen, abstoßenden Welt zurückkehren, um denen zu helfen, die ihrer Hilfe bedürfen."

Kapitel 4

Ewige Wahrheiten

„Die einfachen Wahrheiten, die wir lehren, sind in der Tat Wahrheiten, die ewig gelten. Diese Wahrheiten des Geistes sollen eure Welt freimachen, indem sie die Menschen lehren, sich selbst freizumachen. Wir beginnen immer mit dem Einzelmenschen, mit dem Einzelwesen, weil es millionenfach auftritt und damit die Welt darstellt, in der ihr lebt. Es ist ein sehr langsamer und anstrengender Weg, auf dem wir das Einzelwesen belehren, aber es gibt keinen anderen Weg. Massenbekehrungen führen niemals zu einem guten Ende. Wenn der hypnotische Zauber schwindet und die Gefühle zum Normalen zurückkehren, wird alles vergessen. Und vielleicht sind die Menschen, deren Sinne sich immer zu einem Höhepunkt bewegen, manchmal ein wenig beschämt.

Und darum fahren wir, trotz aller Feindseligkeiten, Widersprüche und Kampfansagen fort, unsere Aufgabe zu erfüllen, denn wir wissen, daß auf die Dauer auch kleine Wassertropfen den Stein aushöhlen. So geschieht es einem Menschen, der das Licht sieht und die Wahrheit erkennt. Wo diese verstanden und in ihrer ganzen Bedeutung empfunden wird, da ist ein Mensch, der niemals zurückblicken wird, der niemals bedauern wird, sich von all den Fesseln befreit zu haben, die ihn so lange festgehalten haben. Er hat dann die Dunkelheit mit dem Licht vertauscht.“

In dieser schönen Prosa spricht Silberbirke von dem schwierigsten und rätselhaftesten Gebiet, das jemals die Gemüter der Philosophen und Prieser bewegt hat, – von der Wahrheit. Wer kann leugnen, daß hier, mit den Worten eines Geistführers, eine Darlegung der Wahrheit gegeben wird, die in der Analyse des Ausdrucks und seiner ungeheuren geistigen Bedeutung für die Gestaltung des menschlichen Lebens selten ihresgleichen findet?

„Wenn ihr Kinder seid, werden sie entsprechend ihrer Aufnahmefähigkeit unterrichtet“, erklärte Silberbirke einmal.

„Ihr beginnt mit den Buchstaben eures Alphabets, und in dem Maße, wie der Geist sich entwickelt, lehrt man euch, Wörter zu bilden und zu lesen. Allmählich wird das gedruckte Wort euch zugänglich. Das Ausmaß des Wissens, das ihr empfangt, hängt gänzlich und allein von eurer Fähigkeit ab, es zu begreifen.

Es gibt ein unendliches Wissen, ein immer größeres in dem Maße, wie ihr geistig und seelisch imstande seid, es aufzunehmen.

Aber kein Wissen ändert die Wahrheit. Es gibt keine Weisheit, die in irgendeiner Weise die Wahrheit einer Lehre ändern kann. Was früher wahr war, gilt auch heute noch und wird auch morgen gelten. Die Wahrheit ist beständig und ewig. Ihr könnt eure Weisheit vermehren, könnt euer Wissen erweitern, aber ihr könnt keine neue Wahrheit finden. Eure Welt findet in den drei folgenden Grundwahrheiten das, was sie benötigt. Diese heißen: Freundlichkeit, Hilfsbereitschaft und Liebe. Eure Welt weiß, was sie tun sollte, um eine bessere Welt zu schaffen.

Alles, was ihr für euer Wachstum braucht, für euren Fortschritt, eure Entfaltung und eure Entwicklung, ist alle Zeiten hindurch euch gegeben worden. Wenn der Mensch nur die Worte befolgen würde, die ihm offenbart wurden, könnte er hier auf Erden viel mehr von der Göttlichkeit erlangen, die ihm offenbart wurde.

All die großen Lehrer, die Werkzeuge des Geistes, die der Welt ihr Licht verliehen haben, lehrten Wahrheiten, die im Grunde die gleichen waren. Jeder hat die geistige Natur des Menschen offenbart, hat auf die ewigen Eigenschaften hingewiesen, die jedes menschliche Wesen besitzt. Jeder gab die unendliche Seele kund, den göttlichen Funken, jenen Teil des Großen Geistes in jedem menschlichen Leben.

Jeder lehrte diese Grundwahrheiten, die, wenn sie befolgt werden, den Geist in den Stand setzen, sich immer mehr zum Ausdruck zu bringen. Jeder machte es klar, daß die Befolgung geistiger Ideale den Menschen all das Elend überwinden ließen, von dem er heimgesucht wird, all seine Befürchtungen und all die Trauer, von der die Menschheit unnötig so lange befallen wurde.

Liebe deinen Nachbarn wie dich selbst, hilf denen, die deiner Hilfe bedürfen, hilf den Schwachen, gib dem Durstigen zu trinken, heile die Kranken, tröste die Leidtragenden, suche die Menschen auf, die voller Trauer sind, – das sind Wahrheiten, die schon vor langer Zeit gelehrt wurden. Wenn der Mensch sich nur entsprechend verhalten würde, könnte er die ganze Welt verwandeln, würde er Kriege unmöglich machen – mit all ihren Schrecken –, würde er verhindern, daß er von all diesem heimgesucht wird.

Laßt mich euch klarmachen, welches unsere Haltung ist. Wir glauben, daß der Mensch alles das hat, was er für sein Wachstum und seine geistige Ausrüstung braucht. Es gibt viele heilige Bücher, es hat viele Lehrer gegeben, viele inspirierte Männer und Frauen, die Einblicke in das innere Leben hatten, und jeder deutete auf seine Weise, was er gesehen hatte. Aber leider ist die einfache Wahrheit, die dem Menschen von den höheren Aspekten des Lebens offenbart wurde, immer mehr verdeckt worden.

Die Menschen haben auf dieser einfachen Wahrheit Lehrgebäude errichtet, Gebäude voller Dogmen,

Bekenntnisse, Rituale und Zeremonien. Eure ganze theologische Festung türmt sich über der einfachen geistigen Wahrheit, während diese dabei völlig vergessen worden ist. Wir haben daher immer menschliche Werkzeuge gesucht, durch welche die geistige Botschaft in all ihrer erhabenen Schönheit verkündet werden kann, in all ihrer Einfachheit und ihrem Glanz, weil sie unveränderlich ist.

Wir kümmern uns um keine Glaubenssysteme, die von Menschen errichtet wurden. Uns geht es um die geistigen Wahrheiten, wie sie uns in der geistigen Welt offenbart wurden, wo sie nicht durch die Täuschungen eures irdischen Lebens beeinflußt werden. Weil wir so viele menschliche Wracks, so viele Unglückliche unter euch Menschen gesehen haben, die völlig unvorbereitet in die geistige Welt kommen, unwissend, voller falscher Vorstellungen und mit Vorurteilen behaftet, haben wir uns entschlossen, die Menschen die einfachen Wahrheiten schon auf Erden zu lehren, die diese auf das Leben vorbereiten, das eines Tages für sie Wirklichkeit wird.

Und so haben wir all den Systemen und Einrichtungen den Krieg erklärt, all jenen Glaubenssätzen, die uns im Wege stehen, allen jenen Hindernissen, die unnötig geschaffen wurden, all dem Aberglauben, damit die Kinder des Großen Geistes sich der ewigen Wahrheiten erfreuen können, die sie in den Stand setzen werden, ihr Leben so zu führen, wie der Große Geist es gewollt hat.

Kümmert euch nicht um das, was andere sagen, vergeßt alle Verwünschungen und Verleumdungen! Wir lehren die einfachen Wahrheiten des Geistes, die für immer gültig sind. Sie halten jeder Probe stand, die die Vernunft gebietet. Sie werden eurer Vernunft widerstehen. Sie sind einfach, so einfach, daß sie von jedem einfachen Menschen begriffen werden können. Es sind die Wahrheiten, die immer bestehen werden, lange bevor die Priesterschaft versagt hat, einfache, ewige Wahrheiten, gegründet auf ewigen, einfachen Naturgesetzen.

Wir brauchen keine Päpste, keine Erzbischöfe, keine Priester, keine Kirchen, keine Tempel, keine Synagogen. Wir errichten keine theologischen Systeme. Wir predigen einfache Wahrheiten und sind entschlossen, wenn wir die menschlichen Werkzeuge dafür haben, dafür zu sorgen, daß diese Wahrheiten jede Form menschlicher Gemeinschaft durchdringen, so daß alle Menschen frei an Körper, Geist und Seele sein können, und niemals wieder sollen die Menschen in Sklaverei leben. Die Dunkelheit der Unwissenheit wird aufhören, und das strahlende Licht der Wahrheit wird sie ersetzen."

Die einfache Wahrheit unter uns selbst...wie wenige von uns kennen sie? Es gibt zweifellos Menschen, die glauben, daß sie eine bessere Kenntnis des Wesens und der Persönlichkeit anderer Menschen haben als von sich selbst. Sie fühlen sich befähigt, andere Menschen zu beurteilen: „Es ist Zeit, daß ihm klar wird“, „wann wird er begreifen...?“ „Wenn er sich doch nur so sehen würde, wie andere ihn sehen.“ Wir kennen jene Menschen, die von allen anderen die Wahrheit kennen, nur nicht von sich selbst.

Dann gibt es die Menschen, die nach ihrer geistigen Statur die Berechtigung zur Kritik über ihre Mitmenschen erheben und Achtung verlangen. Wenn ein solcher Mensch spricht, können wir sicher sein, daß das, was er über uns sagt, richtig ist.

Ein solcher Mensch war Sokrates, war Jesus, ein solcher Mensch ist Silberbirke, der Bewohner einer anderen Welt, der durch die Stimmbänder eines Londoner Mediums spricht, das er in Trance versetzt. Er überschreitet alle Schranken medialer Eigenschaften, und in mühelosen, denkwürdigen Worten erklärt er: „Was ich tun kann, ist, euch an ewige, unveränderliche Grundgesetze zu erinnern. Wenn alles andere in der Welt des Stoffes entdeckt, erforscht und erklärt wäre, blieben noch immer die Naturgesetze des Großen Geistes, die kein menschliches Wesen völlig erforscht oder erklärt hat. Diese sind unendlich in ihrer Form und ihrer Anwendung. Wenn ihr alle eure täglichen Ereignisse erlebt, die euch zu einer

Entscheidung zwingen, wenn ihr nur daran denken würdet, daß ihr geistige Wesen seid und daß das, was wichtig ist, nicht im Stofflichen geschieht, obwohl es sich dort auswirkt, sondern wenn ihr an das denkt, was eurer Eigenart, eurer ewigen Persönlichkeit entspricht, so werdet ihr den Großen Geist gefunden haben.

Alles Stoffliche wird vergehen und zu dem Stoff werden, aus dem die irdische Welt besteht. Ehrgeiz, Wünsche, der Erwerb von Reichtum, all dies ist ohne Bedeutung, denn ihr werdet immer geistige Wesen bleiben, und euer Reichtum wird in dem bestehen, was euer wahres Wesen ausmacht, nicht mehr und nicht weniger. Das ist die Lehre, die ihr in eurem irdischen Leben begreifen müßt. Wenn ihr sie begreift, seid ihr weise, weil ihr euch selbst und damit auch den großen Geist gefunden habt.

Ich sehe so viele in eurer Welt außer sich, verzweifelt und nicht wissend, wohin sie sich wenden sollen, die hierhin und dorthin stürzen, die keine Zeit haben, weil sie so viele „wichtige“ Dinge zu erledigen haben, und dabei vernachlässigen und übersehen, was das Wichtigste im Leben ist. Ist dies nicht die Lektion aller unserer Belehrungen? Ist dies nicht der Zweck der Rückkehr jedes Wesens aus unserer Welt? Ihr sollt den Frieden und die Freude am Leben mit empfinden, die ihr als Kinder des Großen Geistes genießen sollt.

Das ist wichtiger als alles, was Religion, Kirche oder Glaubensbekenntnis genannt wird, wichtiger als die Dinge, welche die Menschheit entzweit hat, die Kriege und Chaos verursacht haben."

Kapitel 5

Der göttliche Plan

Unsere Verbindung mit Geistwesen wie Silberbirke ist nicht zufällig, nicht planlos. Hinter allem besteht ein Plan, der, wie er in diesem Kapitel von dem Geistführer beschrieben wird, eine fesselnde Lektüre darstellt.

„Unsere Aufgabe besteht darin, das euch zu bieten, was einen Zweck hat, eine Bedeutung, den Menschen darzulegen, was für sie Trost und Wissen bedeutet. Unsere Aufgabe besteht nicht nur darin, das Vorhandensein von Naturgesetzen zu beweisen, sondern euch die Wahrheiten des Geistes zu offenbaren.

Wir haben eine ungeheuer falsche Darstellung zu bekämpfen. Wir haben die Lehren von Jahrhunderten zu überwinden. Wir haben all die falschen Lehren zunichte zu machen, die auf der Grundlage von Glaubensbekenntnissen beruhen.

Wir bemühen uns immer, die Kinder dieser Welt zu lehren, daß sie frei sind und im Licht geistiger Wahrheiten leben und wie sie die Sklaverei von Glaubenssätzen überwinden können. Das ist keine leichte Aufgabe, denn wenn euch die Fesseln der Religion einmal gefangenhalten, braucht die geistige Wahrheit eine

Weile, die dichte Mauer des Aberglaubens zu überwinden. Wir bemühen uns immer, die religiöse Bedeutung geistiger Wahrheiten zu offenbaren, denn wenn sich eure Welt ihres jenseitigen Bezuges bewußt würde, dann würde es eine Revolution geben, die stärker wäre als alle Revolutionen des Krieges und des Blutes.

Es wird eine Revolution der Seele sein, und die Menschen in der ganzen Welt werden dann beanspruchen, was ihnen gebührt, nämlich das Licht und die Freiheit des Geistes voll zu genießen. Der Mensch wird sich der Beschränkungen entledigen, die für ihn nur Fesseln waren.

Eine große Macht des Geistes wird eure stoffliche Welt erfüllen. In der ganzen Welt wird sich die gewaltige Kraft des Geistes offenbaren, denn es ist noch eine große Arbeit zu leisten, um der Selbstsucht und Unwissenheit in eurer Welt entgegenzuwirken. Mit der Zeit wird diese Kraft siegen, aber bis dahin wird noch viel Mühe notwendig sein.

Viele Helfer sind bereit, euch zur Seite zu stehen. Da sind viele, die ihr kennt, die euch durch Bande des Blutes verbunden sind, und andere, die euch helfen wollen aus Liebe, die sie für euch empfinden. Wenn ihr an die Menschen denkt, deren Namen euch bekannt sind, so denkt auch an die zahllosen Menschen, die nur helfen wollen ohne jeden Wunsch, bekannt oder erkannt zu werden, die nur euer Bestes wollen.

Die Welt wird nicht in einem kurzen Augenblick verwandelt werden wie Saul auf der Straße nach Damaskus. Nur allmählich wird das Licht geistiger Wahrheiten den Nebel durchbrechen in dem Maße, wie die Menschen sich der großen Wahrheiten bewußt werden und uns mehr Werkzeuge zur Verfügung stehen für die Kraft des Großen Geistes. Ihr dürft nicht vergessen, daß die Dinge des Geistes sorgfältiger Planung und stetigen Fortschritts bedürfen. Eine plötzliche Bekehrung wäre nicht von Dauer, und unsere Arbeit soll von Bestand sein.

Jeder Mensch, der ein Werkzeug des Großen Geistes geworden ist, der aus der Dunkelheit in das Licht blickt, von der Unwissenheit zum Wissen, aus dem Aberglauben zur Wahrheit, hilft der Welt, Fortschritte zu machen, denn jeder von ihnen ist ein Nagel im Sarg des Materialismus.

Was ihr alle lernen müßt, ist, daß es zwei Formen der Entwicklung gibt. Ihr könnt das entfalten, was ein Teil eurer eigenen Seele ist, und das, was ein Teil des Geistes ist. Das eine ist die Entwicklung eures seelischen Selbst, das andere ist das Wachstum eurer Persönlichkeit.

Wenn ihr eure medialen Kräfte ohne die geistigen entwickelt, erreicht ihr nur eine niedrige Schwingung.

Wo aber eine Verbindung von beidem erreicht wird, habt ihr nicht nur ein großes Medium, sondern einen großen Mann oder eine große Frau vor euch.

Was für eine wunderbare Botschaft haben wir für eure Welt des Stoffes, eine Botschaft, die die Menschen frei macht und sie lehrt, ihr göttliches Vermächtnis zu genießen, eine Botschaft, die die Menschen lehrt, sich aller Fesseln und Bande zu entledigen, eine Botschaft, die euch lehrt, die geistigen Wahrheiten voll zu empfinden, die ihnen nicht nur zeigt, wie sie in der stofflichen Welt zu leben haben, sondern in der Welt des Geistes, eine Botschaft, die den Menschen Schönheit, Liebe und Weisheit, Verständnis, Wahrheit und Glück bringt, eine Botschaft, die Dienst am Nächsten bedeutet.

Und trotzdem werden wir von denen abgelehnt, die die Offenbarungen des Großen Geistes nicht verstehen und die den Geist leugnen, wie ja die Kraft des Geistes alle Zeiten hindurch geleugnet wurde.

Die Arbeit, die wir leisten, wird immer notwendiger. Eure Welt ist voller Blutvergießen, voller Tränen des Elends und der Bitterkeit. In ihrer Verblendung lebt eure Welt nicht nach den Gesetzen des Großen Geistes. Sie hat den Pfad erwählt, der zu Dunkelheit und Verzweiflung führt. Wir bieten das Wissen an, das zur Hoffnung, zum Licht, zur Freude und zur Harmonie führt. Eure Welt mag uns in ihrer Unwissenheit verachten. Sie mag die Botschaft zurückweisen, die wir bringen. Sie mag die Kraft leugnen, die uns begleitet. Aber unsere große Wahrheit muß sich durchsetzen, denn sie ist vom Großen Geist.

Die Menschen, die ein Leben gegen das Gesetz führen, ernten für sich selbst die Früchte einer bitteren Saat. Die Menschen aber, die dem Gesetz gemäß leben, ernten Glück und Fülle, – auch in den Dingen des Geistes.

Trotz all der Dunkelheit, die euch umgibt, sollt ihr die Hoffnung nicht aufgeben. Seid beruhigt in dem Wissen, daß diejenigen, die mit euch für die Verbesserung der menschlichen Art kämpfen, sich bemühen, bessere Lebensbedingungen für eure stoffliche Welt zu schaffen. Sie werden sich durchsetzen, denn die Kraft, die ihnen zur Seite steht, ist die stärkste Kraft des Weltalls.

Ihr werdet nicht erlangen, was ihr ohne Mühe und Sorgen erlangen könnt. Eure Welt muß ihre Lektionen auf die einzige Weise lernen, auf die sie es kann. Wir durchbrechen die ganze Welt des Stoffes. Unsere Botschaft belehrt die Geister in allen Teilen der Welt, und wie das Licht des Geistes eure Welt durchdringt, so lösen seine Strahlen die Dunkelheit eures Materialismus auf.

Wir versuchen nicht, euch mit Strafandrohungen zu schrecken. Wir versuchen nicht, euch zu furchtsamen

Feiglingen zu machen. Wir versuchen, die in euch verborgene Göttlichkeit zu erwecken, damit ihr noch mehr Ausdruck des Großen Geistes seid, damit ihr größere Höhen besteigen und euren Geist mit größerer Wahrheit und Weisheit erfüllen könnt.

Wir drängen euch, unzufrieden mit dem zu sein, was ihr schon erreicht habt, und von dem Wunsch erfüllt zu sein, eine immer größere Weisheit zu erlangen. Der zufrieden ist, steht still, wer unzufrieden ist, kämpft um größere Freiheit.

Wir sagen nie zu euch: Gebraucht nicht eure Vernunft, habt nur den Glauben! Wir sagen: Gebraucht das, was der Große Geist euch gegeben hat! Erprobt uns! Prüft uns! Wenn irgend etwas, was wir sagen, erniedrigend, grausam oder unmoralisch ist, dann lehnt uns ab! Wenn wir versuchen, euch zu lehren, ein immer besseres Leben zu führen, ein Leben voller Selbstaufopferung, so zeigt dies sicherlich, daß das Kennzeichen des Großen Geistes in unserer Wahrheit sichtbar wird.

Wenn wir nur eine einzige Seele erbauen, wenn wir einem trauernden Menschen Trost spenden, wenn wir einen einzigen Menschen mit Hoffnung erfüllen, der müde geworden ist, dann ist unsere Arbeit wertvoll gewesen.

Denkt an die vielen Menschen, die unsere Botschaft stört, irritiert, in Verwunderung versetzt, die aber gebunden sind an eine religiöse Vorstellung und sich von dieser nicht lossagen können – und dennoch die Stimme der Freiheit hören, die an ihre gefangene Seele klopft und ihre Vernunft aufruft, sich zu befreien.

Sie sind die Menschen, für die unsere Botschaft bestimmt ist, die Menschen, für die sie ein Antrieb ist, das zu erlangen, was ihnen vorher unerreichbar war. Jede Wahrheit ist ein Schritt nach vorn.

Wenn ihr durch die Lippen des Mediums, das zu euch spricht, etwas hört, was eurer Vernunft widerspricht, was den Lehren des Großen Geistes nicht entspricht, was töricht ist, was euren Verstand beleidigt, dann habe ich euch falsch belehrt, dann habe ich keinen Erfolg gehabt.

Obwohl ich viele, viele Male zu euch gesprochen habe, glaube ich nicht, daß ich jemals etwas gesagt habe, was den höchsten Bestrebungen der Seele widerspricht, denn wir wenden uns immer an das Höchste, was in euch lebt.

Die Welt muß lernen, sich selbst zu erretten. Es gibt keinen fertigen Plan, kein erprobtes System. Eure Welt muß lernen, daß hinter allem, was sie als Äußerungen des Lebens betrachtet, die ewige Wahrheit des Geistes besteht, daß die Kinder der stofflichen Welt nicht nur weltliche Wesen sind, sondern geistige

Wesen, die sich durch physische Körper zum Ausdruck bringen.

Die physischen Körper sollen so vollkommen sein wie nur möglich, sie sollen allen Notwendigkeiten des Lebens frei zur Verfügung stehen, wie sie der Große Geist haben will. Ihr Geist soll frei sein von allen dogmatischen und theologischen Fesseln, damit ihr nicht Dinge hochschätzt, die keinen wirklichen oder geistigen Wert haben, so daß ihr nur für das arbeitet, was wahr ist, so daß die Kriege, Streitigkeiten und Zwistigkeiten wegen Glaubenslehren, die die Welt Tausende von Jahren in Fesseln gehalten haben, ein Ende finden.

Wir lehren das Evangelium der geistigen Bruderschaft aller Menschen mit dem Großen Weißen Geist als ihrem Vater. Was uns im Wege steht, sind menschliche Begriffe, sind die Kirchen, die auf Irrtümern beruhen, sind das Bestehen von Vorrechten, der Stolz und die Macht von Tyrannen, der kleinen Tyrannen, die die Peitsche in der Hand halten.

Wenn unsere Lehren sich in eurer Welt verbreiten, werden sie das Ende aller Trennungen bedeuten. Sie werden das Ende nationaler Schranken bringen, das Ende von Rassenunterschieden und Klassenkämpfen, das Ende all der Unterschiede zwischen Kirchen und Sekten, denn allmählich werden alle Menschen lernen, daß sie einen Teil der göttlichen Wahrheit besitzen, der in einem jeden Menschen vorhanden ist und in keiner Weise dem widerspricht, was den Menschen heilig ist.

In der scheinbaren Verwirrung wird das göttliche Muster sichtbar, seine Form und seine Harmonie. Ich sage euch dies, damit ihr einen Teil des Planes verstehen könnt, einen Teil, den wir, die wir aus der geistigen Welt zurückkehren, euch lehren, damit ihr die Aufgabe erkennt, die jeder von euch zu erfüllen hat, lange bevor euer irdischer Weg an sein Ende gelangt ist.

Was wir lehren, stimmt mit den edlen und erhabenen Gedanken überein, die alle Reformer gehabt haben, alle die Heiligen, alle die Seher und Idealisten, die zu jeder Zeit versucht haben, den Menschen zu helfen. Weil sie große Seelen waren, hatten sie Einblicke in das Leben der geistigen Welt, und für das Erschaute setzten sie sich ein, trotz aller eurer Widerwärtigkeiten und Kämpfe. Sie erkannten den geistigen Plan, die Kinder der Welt zu erziehen.

Obwohl sie von denen geschmäht wurden und ihnen Widerstand geleistet wurde, obwohl die Menschen über sie lachten, denen sie helfen wollten, lebte ihre Arbeit weiter, obwohl viele von ihnen vergessen wurden. Ihre Arbeit lebte in zahlreichen kleinen Zirkeln fort, wie in diesem. Die gewaltige Kraft des Geistes ist am stärksten, und die physischen Kinder haben nicht die Kraft, dieser ungeheuren Macht entgegenzuwirken.

Eure Welt glaubt, sie könne ihre Probleme durch Blutvergießen lösen. Aber kein Problem wurde jemals auf diese Weise gelöst, denn Blutvergießen ist unnötig und führt nirgendwo hin. Warum können die Menschen nicht die Vernunft anwenden, die ihnen der große Geist verliehen hat? Warum glauben sie, die einzige Lösung bestehe darin, so viele andere Menschen wie möglich zu töten? Warum glauben sie, daß der Mensch, der der größte Mörder ist, der Sieger sei? Es ist eine seltsame Welt, in der ihr lebt.

Eure Welt braucht unsere Botschaft, die Botschaft des Geistes, die Verwirklichung geistiger Wahrheiten, das Wissen, daß es geistige Gesetze gibt, daß es Führungen aus der geistigen Welt gibt, an die sich der Mensch wenden kann, wo er Trost und Hilfe findet.

Wir erstreben nichts für uns selbst. Wir wollen keinen Ruhm. Wir haben nur das Bestreben, euch zu helfen, immer wieder die Gesetze kundzutun, die vergessen wurden. Das wünschen wir, damit die stoffliche Welt jene Kräfte wieder zu erwecken vermag, die der Welt neue Hoffnung und neues Leben bringen können.

In eurer Verwirrung, wenn alle die alten Richtlinien mißachtet werden, wenn jede Autorität bezweifelt wird und ihre Stärke dahinschwindet, suchen wir den Großen Geist, die höchste Autorität, durch seine Gesetze kundzutun, jene Gesetze, die niemals irren. Wenn die stoffliche Welt lernt, ihr Leben nach diesen Gesetzen einzurichten, wird wieder Frieden und Eintracht in der Welt herrschen.

All dies ist ein Teil der großen Aufgabe, die wir zu erfüllen haben, so daß unter all den Trümmern zusammenstürzender Glaubensgebäude die Menschheit nicht alles verwirft, weil sie voller Zweifel ist, sondern lernt, die Spreu vom Weizen zu unterscheiden, die Wirklichkeit von dem Mythos, daß sie beibehält, was wertvoll, was in allen Religionen vorhanden ist, nämlich jene großen Wahrheiten des Geistes, die so lange vom Aberglauben der irdischen Kinder verdeckt waren.

Die Kraft des Geistes, die denen in vergangenen Zeiten zuteil wurde, die den Einblick, den Mut und die Begeisterung vermittelten, den Menschen zu helfen, ist auch heute noch verfügbar, wenn die Kinder der Erde lernen, die Gesetze zu verstehen, die ihnen zur Verfügung stehen.

Die Autorität von Kirchen, von Büchern, von Glaubensbekenntnissen, all dies wird immer geringer, wird allmählich mißachtet. Aber die Autorität geistiger Wahrheiten gilt für immer. Wenn ich zu eurer Welt zurückkehre, sehe ich die Verwirrung und das Chaos, das durch das Licht des Geistes überwunden werden könnte, wenn statt eines schwachen Lichtstrahls ein starkes, erhellendes Licht leuchten würde.

Warum ziehen die Menschen die Dunkelheit vor? Sie könnten doch das Licht haben. Warum ziehen sie den Aberglauben vor? Sie könnten doch die Weisheit haben. Warum ziehen sie die toten Buchstaben eines Glaubensbekenntnisses vor? Sie könnten doch die lebendige Wahrheit des Geistes haben. Warum ziehen sie den Staub der Theologie vor? Sie könnten doch das lebendige Wasser geistiger Wahrheiten haben.

Es gibt Menschen, die in der selbstgeschaffenen Dunkelheit umhertappen. Dabei könnten sie frei sein, könnten freie Menschen sein. Aber ich fürchte, sie haben ihre Ketten schon zu lange getragen, sie haben daher Furcht davor, sich ihrer zu entledigen. Ein Vogel, der lange in einem Käfig lebt, fürchtet, daß er nicht fliegen kann, wenn er freigelassen wird.

Es ist gut, wenn sie ihre Fesseln abwerfen, aber sie brauchen einen Pfad, den sie gehen können. Wir wollen nicht, daß sie hilflos sind. Wir wollen, daß sie frei sind, aber sie sollen wissen, wohin ihre Freiheit sie führt.

Wenn ihr lange in Gefangenschaft gelebt habt, so neigt ihr als freie Menschen dazu, auf keinerlei Führung zu achten, die euch zuteil wird. Du sagst: Ich habe genug von all diesem. Ich habe Jahre des Zweifels hinter mir. Nun, da ich davon frei bin, will ich nicht länger mit etwas zu tun haben, was ihr Religion nennt.

Manchmal empfindet ihr beim Abwerfen der Fesseln eine heftige Reaktion. Ich will nicht, daß ihr mir, einem Einzelwesen, einem Boten, zuviel Aufmerksamkeit widmet. Meine Aufgabe ist die Verbreitung der Botschaft. Eure Welt hat sich zu lange um das Äußere der Lehrer gekümmert und dieses aufgebauscht. Und dabei hat sie vergessen, was jene eigentlich gelehrt haben.

Unsere Aufgabe ist es nicht, Männer und Frauen als hohe Autoritäten zu preisen, sondern die Wahrheit, das Wissen und die Weisheit zu verkünden. Was macht es aus, ob ich ein Lehrer von hohem Ruf bin oder nur ein armseliger Bettler, solange meine Worte das Siegel der Wahrheit tragen? Wir wenden uns nicht länger an Namen, an Autoritäten und Bücher, sondern nur an die Vernunft.

Wir fordern nichts, was eurer Vernunft widerspricht. Wir sagen nichts, was unwahr ist, unedel oder würdelos, oder was die Menschheit herabsetzt. Wir wollen nur dartun, was der ganzen Menschheit nützen kann, was sie lehrt, ihre Beziehung zum Großen Geist und zu den anderen Gliedern der großen menschlichen Familie zu erkennen.

Nicht länger wollen wir zu Büchern, zu Lehrern

oder Autoritäten unsere Zuflucht nehmen, sondern zur nötigen Vernunft, an die wir uns wenden. Unsere Wahrheiten werden nicht durch die Wiederholung eines Textes verbreitet, dem die Menschen göttliche Autorität nachsagen. Aber ihr werdet finden, daß wir uns an eure höchsten und besten Gefühle wenden, daß wir nur versuchen, alte Unwahrheiten zu widerlegen und die großen Wahrheiten zu lehren, die die Menschheit loben sollte. Was eure Welt Religion nennt, das wird alles nicht der Prüfung durch die Vernunft standhalten.

Wir wollen diese Wahrheiten offenbaren, nicht nur in ihren Beziehungen zu den Gesetzen des Geistes, sondern auch zu den Gesetzen des Stofflichen, denn für uns ist die stoffliche Welt ein Teil der Welt des Großen Geistes, und ihr könnt nicht religiös sein, wenn ihr gefühllos gegenüber dem Leid der verzweifelnden Menschheit seid. Wer anderen Menschen hilft, wird von uns zu den Großen gezählt. Doch Hilfe, die man leisten kann, besteht nicht nur darin, daß man anderen hilft, die Wahrheit zu finden, denn es gibt noch andere Dienste zu leisten.

Da ist die Hilfe für armselige, geschundene Körper, der Kampf gegen Ungerechtigkeit und Tyrannei, gegen Haß, um die Verhinderung der Freiheit, um die Übel eurer Welt zu überwinden und dem Geist des Menschen die Möglichkeit zu geben, sich zu äußern, so wie der Große Geist es gewünscht hat.

Es tut mir leid, daß die Kinder des Großen Geistes sich so weit von den Dingen des Geistes entfernt haben, daß ein Tischklopfen notwendig ist, um seine Gesetze zu erklären.

Ihr seid alle ein Teil des Großen Geistes. Er sagt zu euch: Hier sind alle meine Gesetze, und hier, in euch selbst, ist ein Teil von mir selbst. In eurem Selbst ist alles vorhanden, was ein vollkommenes Weltall ausmacht. Ich gebe euch alle Werkzeuge, und ihr habt die Auswahl zwischen allem, was recht, und allem, was unrecht ist. Ihr könnt versuchen, mit meinen Gesetzen oder gegen sie zu arbeiten.

Die Menschen haben gewählt. Aber immer wieder haben diejenigen in der Welt des Geistes, die eingestimmt sind auf die Schwingungen des Großen Geistes, dafür zu sorgen, daß durch sie Sein Wille geschieht. Die Menschen haben sich so weit von den Dingen des Geistes entfernt, daß sie für die Aufgaben des Geistes blind geworden sind und nur die Dinge des Stoffes verstehen.

Aber wenn die Stürme und Winde die Welt durchtobt haben, gibt es immer einen neuen Frühling. Wenn Schnee den Boden bedeckt und alles öde aussieht, könnt ihr die Boten des Frühlings nicht erkennen. Aber er kommt dennoch.

Und allmählich, wie die große Sonne des Lebens den Nebel durchdringt, dringt auch der Frühling durch den Boden. Überall in eurer stofflichen Welt sind die Menschen mit dem Vorhandenen unzufrieden. Aber dem Frühling der Träume folgt der Sommer der Erfüllung.

Er kommt schnell oder langsam, je nachdem die Kinder des Geistes ihren freien Willen benutzen. Aber wo immer in der Welt des Stoffes jemand versucht, einem anderen zu helfen, stehen hinter ihm tausend Geistwesen, die sich bemühen, ihn dabei zu unterstützen. Keine Bemühung um etwas Gutes kann jemals verlorengehen. Kein Wunsch zu helfen ist jemals nutzlos.

Es muß Pioniere geben, die sich einen Weg durch den Urwald bahnen und diesen Weg ein wenig breiter machen für die Menschen, die nach ihnen kommen. Allmählich wird der Weg dann bequemer und ebener.

Oft sehe ich die vielen Geistwesen in meiner Welt mit Tränen in den Augen, wenn sie die Bosheiten der Menschen sehen, die eines Tages erkennen werden, daß sie die großen Gelegenheiten unbeachtet gelassen haben, die Kinder der Erde zu einem besseren Leben zu veranlassen. Und manchmal sehe ich ihre Gesichter lächeln, weil in eurer Welt ein Unbekannter jemand einen Dienst erwiesen hat, der für die Welt neue Hoffnung bedeutet.

Ich selbst, wie viele andere, bin den Schwingungen

der Erde nähergekommen, um die große neue Welt erbauen zu helfen, die euch alle erwartet. Ich bin gekommen, um euch die Gesetze des Großen Geistes zu lehren und euch zu zeigen, wie, so ihr sie befolgt, die Schönheit des Großen Geistes eure Herzen und Sinne erfüllen kann.

Ich sehe nur eine Welt voller Sorgen, eine Welt, die voll Glück sein sollte; ich sehe Dunkelheit, wo Licht sein sollte, Hunger, wo es Fülle geben sollte. Ich sehe, daß der Große Geist euch alles geschenkt hat, und doch gibt es Menschen, welche die Verteilung der Fülle verhindern. Es gibt Hindernisse, die beseitigt werden müssen.

Ich kann dies nicht tun. Ich kann nicht einmal Kritik üben. Ich kann nur sagen, wie das Gesetz wirkt, wenn ihr, die ihr im Stofflichen gefangen seid, dem Gesetz erlaubt, durch euch zu wirken. Wer es jedoch tut, muß empört mit dem Finger auf die Dinge der Erde weisen und die Hilfsmittel des Großen Geistes kundtun.

Zeigt durch euer Leben, daß ihr die Dinge des Geistes kennt, weil ihr von der Kraft des Geistes erfüllt seid. Wenn wir nur in einem einzigen Falle Glück bringen können, Wissen, wo Unwissenheit herrschte, dann haben wir helfen können. Wir wollen euch nicht eure Verantwortung in eurem Leben abnehmen, sondern euch nur veranlassen, so zu leben, daß die Menschen erkennen, wie der Große Geist durch sie tätig ist.

Es macht mich manchmal traurig, die Menschen sagen zu hören: O ja, wir geben ihnen Brot, aber sie müssen zuerst dem Großen Geist dafür danken. Warum gaben sie nicht das Brot, ohne sich darum zu kümmern, ob dem Großen Geist Dank gesagt wurde? Oder die Menschen sagen: Du kannst hier schlafen, aber ihr müßt zuerst ein Gebet sprechen.

Habt ihr, die ihr um den Spiritualismus wißt, jemals versucht, eine Bilanz zu ziehen? Ihr besitzt etwas, was die Welt nicht zu schätzen versteht. Ihr habt das kostbare Wissen um die Wahrheiten des Großen Geistes. Ihr wißt, daß eure Seele mit Seiner großen Seele verbunden ist. Ihr wißt, daß ihr ein Teil des Großen Geistes seid. Ihr wißt, wie ihr auf die Schwingungen der Boten reagieren solltet, die der Große Geist ausschickt, um über euch zu wachen.

Verglichen mit all diesem, sind die stofflichen Dinge nur Tand. Ihr werdet viele tausend Jahre leben. Ihr werdet erkennen, daß das Wissen, das ihr hier erworben habt, und die Weisheit, die euch zuteil geworden ist, für eure unsterbliche Seele von großem Wert ist, von größerem Wert als das Wenige, das der Körper in der stofflichen Welt zu erlangen versucht.

Beurteilt nicht nach dem offenbaren Ergebnis! Ihr seht nur mit stofflichen Augen. Wenn ihr mit den

Augen des Geistes sehen könntet, würdet ihr wissen, daß bei jedem Erdenkind völlige Gerechtigkeit herrscht. Manchmal höre ich eure Gebete und manchmal die Gebete anderer. Ich glaube, daß, wenn der Große Geist alle Gebete erhören würde, ihr mit dem Ergebnis nicht zufrieden wäret.

Ich habe mit vielen gesprochen, die von eurer Welt in die meine herübergekommen sind. Ich habe noch niemand getroffen, der, wenn er mit den Augen des Geistes gesehen hat, nicht erkannte, daß ihn der Große Geist gut behandelt hat.

Es gibt in der stofflichen Welt drei Probleme. Das erste ist die Unwissenheit, das zweite die Sorge und das dritte die Armut. Diese drei Probleme werdet ihr immer haben, bis das Wissen um den Geist sich mit der Politik verbindet und die Kinder der Erde so denken und leben, wie es das neue Wissen ihnen zeigt.

Der Sieg kommt mit Sicherheit. Die alte Ordnung löst sich auf, um einer neuen Platz zu machen. Die neue Welt kommt. Aber glaubt nicht, weil dies so ist, daß es dann keine Dunkelheit mehr gibt. Es werden noch viele Tränen vergossen werden. Es wird noch viele schmerzerfüllte Herzen geben. Es werden immer noch viele Opfer zu bringen sein.

Was ein Teil des Großen Geistes ist, kann nicht ohne Opfer erlangt werden. Ihr könnt ein Gebäude nicht neu aufbauen, bevor ihr das alte niedergerissen habt. In Zeiten großer materieller Not beginnen die Menschen, die Grundlagen des Geistes zu prüfen. Wenn alle stofflichen Dinge versagt haben, schauen die Menschen nach einem Strohhalm, an den sie sich klammern können. Sie prüfen die Systeme, die sie versucht und als mangelhaft erkannt haben.

Dann werden die Menschen die Wahrheiten des Geistes erkennen und eine neue Welt bauen, eine Welt, in der die Gesetze des Großen Geistes herrschen. Bis dahin aber wird die Welt immer voller Sorgen und niemals vollkommen sein, denn je besser sie wird, um so mehr wird sie die Vollkommenheit empfinden, die noch vor ihr liegt.

Kapitel 6

Wenn wir sterben

Einmal wurde an einem Abend eine Beschreibung der geistigen Welt und der Lebensbedingungen für die Menschen gegeben, die dort sind. Silberbirke sagte, als er von jemand sprach, der vor kurzem in seine Welt hinübergegangen war, daß das Leben in den unteren Sphären der nächsten Welt in allen Einzelheiten dem Leben auf Erden entspricht.

„Ich finde es schwer zu bereifen, daß die Astralwelt dieser Welt gleicht“, sagte ein Besucher.

„Die nächste Lebensstufe ist ein Ebenbild eurer stofflichen Welt“, erklärte Silberbirke. „Wenn dies nicht so wäre, so wäre der Schock für die vielen Menschen, die unbelehrt und unwissend zu uns kommen, mehr, als sie ertragen könnten. Die ersten neuen Lebensabschnitte müssen daher leicht verständlich sein. Die nächste Lebensphase ähnelt eurer Welt. Das ist so, weil viele nicht wissen, daß sie die stoffliche Welt verlassen haben.

Eure neue Welt ist im wesentlichen eine Gedankenwelt, in welcher der Gedanke Wirklichkeit wird, und da es eine Gedankenwelt ist, lenkt der Gedanke jede Lebensäußerung und –tätigkeit. Da sie eurer Welt noch sehr nahe sind und da es sich um Menschen handelt, die in ihrer Weltanschauung noch sehr materialistisch sind, ist der Ausdruck ihrer Gedanken noch sehr materialistisch, und daher ist alles, was sie denken, noch etwas stofflich.

Sie können sich das Leben nicht anders als physisch vorstellen. Sie haben niemals in ihrem Bewußtsein das Verständnis für ein Leben empfangen, das ein anderes als das rein physische ist. Sie können sich geistige Tätigkeit nicht vorstellen, und da ihnen dies nicht möglich ist, haben sie in ihren Anschauungen keinen Platz dafür. Aber es gibt Abstufungen im Astralleben, denn in dem Maße, wie die Menschen das neue Leben erkennen, werden ihre Gedanken verfeinert. Sie beginnen zu begreifen, daß es jenseits des Stofflichen noch etwas anderes gibt. Wenn sie anfangen, geistige Erkenntnisse zu haben, dann stirbt die Astralwelt für sie ab, und sie beginnen ein Leben in der geistigen Welt. Es gibt viele Tode und viele Geburten."

„Sind die Erlebnisse der Menschen in der Astralwelt subjektiv oder objektiv?" fragte ein Zirkelteilnehmer.

„Es ist ein objektives Leben, weil das Leben in meiner Welt von Menschen geregelt wird, die sich dort ständig aufhalten. Wenn ihr euch weiterentwickelt – durch Wachstum und Fortschritt, so gelangt ihr auf die nächste Stufe geistigen Lebens. Das Leben dort ist auf dem Gebiet der eigenen Ausdrucksfähigkeit sehr objektiv."

„Es ist daher keine Traumwelt", meinte ein Besucher.

„Wenn die Menschen über sie hinausgelangen, ist es eine Traumwelt", sagte Silberbirke, „doch solange sie darin leben, ist es für sie eine wirkliche Welt. Wir sprechen nur im Vergleich von Träumen. Es sind keine Träume, wenn ihr sie träumt. Es sind Träume, wenn ihr aufwacht und sagt: Das war ein Traum. ‚Wenn der Geist die niederen Ebenen der Astralwelt verläßt, erinnert er sich daran und sagt: Das war ein Traum.' Aber wenn er davon nicht loskommen konnte, dann war es Wirklichkeit."

„Beginnen wir alle nach dem Hinüberscheiden unser jenseitiges Leben in der niederen Astralwelt?" fragte ein Besucher.

„O nein, nur die Unbelehrbaren und Unwissenden", sagte der Geistführer. „Nur diejenigen, die von geistigen Wirklichkeiten nichts wissen, die sich jenseits des rein Körperlichen nichts anderes vorstellen können. Die Astralwelt ist ein Teil der geistigen Welt. Es ist ein Leben in ganz verschiedenen Graden, von dem niedrigsten zu dem höchsten. Ihre Ebenen sind nicht streng voneinander getrennt. Wir müssen uns so ausdrücken, damit ihr uns versteht."

Silberbirke sprach vom Wachstum in der geistigen Welt und sagte: „Ihr klettert nicht von einer Sphäre in die nächste; ihr wachst, ihr entwickelt euch. Die niederen Grade lernen von den höheren. Ihr ‚sterbt' und werdet immer wieder geboren. Ihr legt den Astralkörper nicht ganz auf dieselbe Weise ab wie den physischen Körper. Er wird immer feinstofflicher in dem Maße, wie ihr den niederen Körper ablegt. Dies ist sein Tod, denn der Tod bedeutet in Wirklichkeit Verwandlung, Auferstehung, das Sicherheben des Höheren aus dem Niederen. Es fällt uns sehr schwer, euch die Welt des Geistes zu erklären, die frei ist von den Beschränkungen eurer Welt in Zeit und Raum. Das Niedere kann das Höhere nicht erfassen, das Endliche nicht das Unendliche, das Kleinere nicht das Größere. Nur wenn ihr euch darum bemüht, könnt ihr euer Verständnis erweitern."

Behalten wir in der Astralwelt solche Dinge wie das Herz und den Pulsschlag?" fragte ein anderer Teilnehmer in derselben Sitzung.

„Ob ihr diese Organe behaltet, hängt von euren Erkenntnissen ab", entgegnete Silberbirke. „Wenn ihr vom Leben nach dem Tode sprecht und nicht wißt, daß es noch ein anderes Leben gibt, dann ist euer neuer Körper ein genaues Ebenbild des physischen Körpers, und er hat in allen Einzelheiten eine körperliche Funktion."

„Und was geschieht mit einem Sterbenden, der von der geistigen Welt gewußt hat?“ fragte ein Zirkelteilnehmer.

„Der Astralkörper macht einen Vorgang der Verfeinerung durch“, erläuterte der Geistführer. „Wenn ihr erkennt, daß in der geistigen Welt keine Notwendigkeit für ein bestimmtes Organ vorhanden ist, dann verkümmert es allmählich, und schließlich verschwindet es ganz.“

„Geschieht dies sogleich nach dem Tode, oder ist es ein langsamer Vorgang?“ wollte ein Besucher wissen.

„Es hängt von dem Maß eures Verständnisses ab“, sagte der Geistführer. „Je größer euer Verständnis ist, desto geringer ist für euch die Notwendigkeit einer Anpassung. Ihr dürft niemals vergessen, daß wir in einer geistigen Welt leben, wo das Verständnis alles bedeutet. Der Geist lenkt und beherrscht auch. Was er diktiert, ist Wirklichkeit. Wenn ihr von dem Erscheinen der Bewohner unserer Welt in eurer Welt erfahrt, dann stellt ihr fest, daß sie als leuchtende, strahlende Lichtgestalten beschrieben werden und nicht als Wesen in einem physischen Körper. Das ist so, weil sie die persönliche Form und ihren körperlichen Ausdruck verloren haben.“

„Welche Gestalt haben die hochentwickelten Geistwesen?“ fragte ein Besucher.

„Welche Gestalt hat die Schönheit?“ entgegnete der Geistführer. „Welche Gestalt hat die Liebe? Welche Gestalt hat das Licht?“

„Ist die Farbe die Grundlage des Erkennens, wenn ihr über die Gestalt hinausgelangt?“ fragte ein Zirkelteilnehmer.

„Ja“, sagte der Geistführer, „aber während für euch bestimmte Grundfarben gelten, haben wir andere Farbstoffe, die über euer Verständnis hinausgehen. Wir können einige der höheren Lehrer an ihrer strahlenden Erscheinung erkennen, an ihrem Licht, das ihre Botschaft ausstrahlt, weil oft keine bestimmte Form mehr vorhanden ist. Es ist dann ein Gedanke, der von dem Licht umstrahlt ist.“

Die enge Verbundenheit der Menschen auf der anderen Seite wurde betont, als Silberbirke Verwandte und Freunde der Besucher erwähnte, die ihn gebeten hatten, Botschaften auszurichten.

„Vergeßt nicht, daß sie alle wirkliche, menschliche Wesen sind!“ sagte er, „die sich noch genausoviel um euch kümmern, wie sie es früher taten. Obwohl sie nicht zu euch sprechen können, und ihr sie nicht hören könnt, sind sie hier, um euch zu helfen. Sie sind euch näher, als ihr denkt. Sie kennen eure Geheimnisse, die unausgesprochenen Wünsche eurer Sinne, eure Hoffnungen und Befürchtungen, und während der ganzen Zeit versuchen sie euch zu beeinflussen, euch zu leiten, so daß ihr in eurem irdischen Leben die Erfolge sammeln könnt, die für das Wachstum eurer Seele notwendig sind. Sie sind keine nebelhaften, schattenhaften Wesen, sondern wirkliche Männer und Frauen, die euch noch immer lieben und die euch in Wirklichkeit noch näher sind, als sie es je zuvor waren.“

„Wie verbringen die Toten ihre Zeit?“ wurde Silberbirke gefragt. „Haben sie eine Zeitrechnung wie wir mit Licht und Dunkelheit, oder handelt es sich um eine andere Art Zeit? Arbeiten sie, studieren sie, oder belustigen sie sich?“

Der Geistführer antwortete: „Das ist viele, viele Male beantwortet worden. Die Zeitrechnung ist von großem Interesse, weil wir von eurer Begriffsbestimmung der Zeit nicht ausgehen.

Eure Zeitrechnung dient der Nützlichkeit. Ihr habt bestimmte Zeitspannen als Tage, Stunden, Minuten oder Sekunden bezeichnet, und all dies beruht auf der Drehung der Erde und eurem Stand zur Sonne. Wir haben nicht Tag und Nacht. Unsere Lichtquelle ist nicht die gleiche wie die eure. Wir haben daher keinen Zeitbegriff in eurem Sinne. Unser Zeitmaß beruht auf dem geistigen Zustand, d.h., wir haben ein Zeitgefühl, das wir empfinden. Die Zeit ist für uns ein geistiges Erlebnis.

In den niederen Sphären, in denen das Leben noch

nicht sehr angenehm ist, scheint es den Menschen eine lange Zeit. In den höheren Sphären – und ich spreche im Verhältnis – wo es viel mehr gemeinsame Tätigkeiten gibt, scheint die Zeit in dem Sinne schneller zu vergehen, daß es immer eine neue Phase fesselnder Arbeit für uns gibt. Aber sie wird nicht in Stunden, Minuten oder Jahren gemessen.

Was die Art und Weise betrifft, in der wir arbeiten, so hängt das von dem einzelnen ab. Es gibt sehr viele Betätigungen für Geist und Seele. Die Schwierigkeiten für den Fragesteller bestätigen, daß er geistige Erfahrungen mit körperlichen Maßen mißt, aber es gibt für Geist und Seele zahlreiche Gebiete, auf denen wir kulturell und erzieherisch wirken können, solange wir dies wünschen."

„Aber", fragte einer der Anwesenden, „es ergibt sich die Frage: Wenn ihr etwas im voraus tun wollt, ist dies dann möglich, wenn die Zeit für euch keine Bedeutung hat?"

„Meinst du", fragte der Geistführer, „wenn ich jemand treffen will? Dann schicke ich einen Gedanken an ihn aus mit der Frage, ob es ihm recht ist, daß wir uns treffen. Wir brauchen keinen Brief zu schreiben."

„Was tut ihr, wenn ihr jemand an einer bestimmten Stelle treffen wollt?"

„Es geschieht nicht auf diese Weise", war die Antwort, „wenn von mir gewünscht wird, daß ich eine bestimmte Gruppe aufsuche, wird mir dieser Wunsch geistig mitgeteilt. Ich empfange ihn und gehe. Solch ein Ersuchen würde mir nicht jetzt mitgeteilt werden, weil man weiß, daß ich in diesem Augenblick mit euch spreche. Es gibt keine Tagebücher; es ist eine Welt des Geistes und der Seele."

Ein Zirkelteilnehmer fragte, ob es in der geistigen Welt Eisenbahnzüge gebe, und der Geistführer antwortete: „Es gibt keine Eisenbahnzüge, außer wenn ihr denkt, daß ihr einen Zug erreichen müßt, und dann gibt es einen Zug, den ihr erreichen könnt. Es ist schwer zu verstehen, nicht wahr? Aber es ist wie ein Traum. Wenn ihr im Traum glaubt, daß ihr einen Zug erreichen müßt, dann ist da euer Zug.

In euren Träumen träumt ihr manchmal, daß ihr ein Schiff besteigen müßt. Dann ist da ein Schiff, weil ihr es erzeugt habt, und für euch ist es Wirklichkeit. Ihr besteigt es, und es fährt. Es hat auch die notwendige Mannschaft, nicht wahr? Auf eurer Empfindungsebene ist es Wirklichkeit. Ihr dürft nicht vergessen, daß Wirklichkeit ein relativer Ausdruck ist."

„Ich habe davon oft gelesen und gehört", sagte ein Sitzungsteilnehmer, „aber ich muß sagen, daß es mir sehr schwerfällt, es zu verstehen."

„Es ist auch schwer", sagte Silberbirke, „aber auch in eurer Welt ist die Zeit eine Illusion. Unsere Stunde ist nicht immer dieselbe wie die eure, und fünf Minuten können euch manchmal so lang erscheinen wie eine Stunde. Das ist der geistige Aspekt der Zeit. Wenn ihr erkennt, daß in unserer Welt die mentale Vorstellung die Wirklichkeit darstellt, dann werdet ihr erkennen, daß wir mit dem rein maschinenhaften Aspekt eurer Zeit nichts zu tun haben. Ich glaube, das ist die beste Art, dies auszudrücken."

Eine andere, zugeschickte Frage war die folgende:

„Hat bei euch jeder ein Haus für sich?"

„Ja", erwiderte der Geistführer, „wir haben eigene Häuser, wenn wir es wünschen und verdienen. Aber einige von uns wollen kein Haus. Sie wollen Bauwerke nach ihrem eigenen architektonischen Geschmack; einige wünschen ein Licht von einer Art, die euch unbekannt ist. Dies ist eine Sache des persönlichen Geschmacks, das von der schöpferischen Kraft des betreffenden Geistwesens abhängt."

„Hast du nicht erklärt", sagte einer der Zirkelteilnehmer dazwischen, „daß dein Haus von der Art des Lebens abhänge, das du geführt hast?"

„Ich sagte", fuhr Silberbirke fort, „wenn du es wünschst und verdient hast. Wenn du es einmal verdient hast, dann ist das Haus nur eine Sache des Geschmacks. Wenn du es dem Himmel zu gern offen hättest, dann kannst du es so haben. Ihr müßt bedenken, daß solche Dinge lange Zeit durch persönliche Gewohnheiten bestimmt werden. Die Gewohnheit ist ein geistiger Zustand, und er dauert nach dem Tode an.

Menschen, die nur in diesem Lande gelebt haben, sind eine bestimmte Art von Häusern gewohnt, und sie leben auch bei uns in solchen Häusern. Wenn sie ihre Gewohnheiten einmal abgelegt haben, wählen sie andere Hausarten. Ein Haus in der gewohnten Art errichtet ihnen das Leben bei uns; es verhindert einen Schock, und als Ergebnis ist das Leben leichter und harmonischer."

„Es gibt kein ‚Parlament' in der geistigen Welt, weil keine Notwendigkeit besteht, Gesetze zu schaffen, um das Leben ihrer Bewohner zu regeln", sagte Silberbirke in einer anderen Sitzung.

„Das Naturgesetz", erklärte der Geistführer, „gilt auch für die Menschen in der geistigen Welt, weil es für sie in einer Form besteht, die für sie unausweichlich ist. Sie haben nicht länger physische Körper, das Problem des physischen Körpers besteht nicht mehr für sie. Sie drücken sich jetzt in geistiger Form aus, und das Naturgesetz wirkt dabei mit. Es besteht kein Grund für einen Vermittler."

Der Geistführer wurde gefragt, ob es Konzerte, Theater und Museen in der geistigen Welt gebe. Ihre Museen, sagte er, seien in den Hallen des Wissens, wo es Sammlungen verschiedener Art gebe, von Gegenständen, die sich im Verlauf der Geschichte auf irdische Dinge bezögen, und auch Sammlungen für lehrreiche Formen des geistigen Lebens. „Wir haben z.B. Blumen, die auf Erden nicht geblüht haben. Wir haben viele andere Formen des Naturlebens, die ihr nicht kennt. Beispiele davon finden wir in den Hallen des Wissens.

Konzerte gibt es immer, weil es bei uns so viel Musik gibt, manches von ehemaligen Meistern, die ihr Talent für möglichst viele von uns anwenden möchten. Theater, – es gibt verschiedene Arten. Einige werden nur für dramatische Zwecke benutzt und andere zu erzieherischen Zwecken. Begabungen, Talente und Fähigkeiten, welche die Menschen in eurer Welt hatten, enden nicht mit dem Tode. Der Tod bringt uns größere Freiheit und größere Möglichkeiten, diese Talente zum Ausdruck zu bringen."

„Gibt es Zeitungen und Rundfunk?", war die nächste Frage.

„Nein, wir haben keinen Rundfunk, weil unser System der Mitteilung anders arbeitet", erklärte Silberbirke. „Gedankenübertragung ist das gewöhnliche Verfahren, um uns zu erreichen. Es ist aber denen, die wissen, was sie zu tun haben, möglich, große Massen zu erreichen, auch wenn sie selbst nicht anwesend sind. Aber dies geschieht nicht nach dem Grundsatz eures Rundfunks.

Es gibt keine Zeitungen im irdischen Sinne, weil

keine Notwendigkeit besteht, eine Chronik der Ereignisse zu führen, wie ihr es tut. Mitteilungen werden ständig an uns durch solche Geistwesen weitergegeben, deren Aufgabe es ist, solche Mitteilungen zu verbreiten. Das ist für euch schwierig zu verstehen.

Wenn ich etwas erfahren soll, was ich nicht weiß, so wird der Gedanke daran mir von jemand übermittelt, der glaubt, ich solle diese Mitteilung erhalten. Es gibt Geistwesen, deren Aufgabe es ist, solche Mitteilungen zu verbreiten. Diese Wesen sind besonders dafür ausgewählt worden."

„Geschieht mit uns dasselbe, wenn wir inspiriert werden?" fragte ein Zirkelteilnehmer.

„Es geschieht auf eine andere Weise", begann die Antwort. „Wenn ihr inspiriert werdet, dann seid ihr bewußt oder unbewußt auf ein Wesen unserer Welt eingestimmt; ihr empfangt seine Kraft, seine Inspiration oder Botschaft. Manchmal geschieht dies bewußt, manchmal unbewußt. Es hängt von den Umständen ab.

Aber in unserem eigenen Leben empfangen wir beständig Gedanken. Die Wesen, die unsere geistige Wellenlänge, d.h. dieselbe geistige Denkweise haben, empfangen Gedanken, die wir ihnen senden, und wir erhalten Gedanken von ihnen. Die Wellenlänge hängt von der geistigen Entwicklung ab."

„Behalten die Verstorbenen ihre irdischen Namen?“ war die nächste Frage. „Ist Abraham Lincoln zum Beispiel in der geistigen Welt immer noch Abraham Lincoln?“

„Ja“, sagte Silberbirke, „solange es für jemand notwendig ist, so genannt zu werden. Aber ihr dürft nicht vergessen, daß der Name nicht das Wesen selbst ist. Er ist nur das Erkennungsmittel.“

„Wenn jemand stirbt, der vielen Menschen unter einem bestimmten Namen bekannt war, so wäre es auch für ihn sehr zweckmäßig, seinen Namen beizubehalten“, bemerkte ein Besucher.

„Ja“, wurde ihm gesagt, „solange es für ihn oder sie notwendig ist, diesen Namen beizubehalten. Aber das kann Jahrhunderte oder Jahrtausende dauern. Aber wenn ihr erst einmal das magnetische Feld der Erde verlassen habt, ist der Name nicht mehr wichtig, denn dann seid ihr als Wesen bekannt, das ihr wirklich seid.“

„Kann das von anderen Menschen wahrgenommen werden?“

„Ja. Wenn ihr aus dem irdischen Magnetfeld heraus seid, wenn für euch die Verbindung mit der Erde nicht mehr besteht, wenn ihr das rein geistige Leben erreicht, auf das ihr ein Recht habt, sendet ihr ein Licht aus, eine Aura, eine Strahlung, die anzeigt, wer und was ihr seid. Ist das schwer zu verstehen?“

„Nein", antwortete der Besucher. „Auch in unserer Welt können wir erkennen, was für ein Mensch jemand ist, ohne daß wir von ihm sprechen."

„Ja, es ist wie bei eurer Aura", bemerkte Silberbirke dazu. „Sie ist bei uns so wie bei euch, nur in einem viel stärkeren Maße."

Eine andere Frage war: „Gibt es in der geistigen Welt berühmte Männer und Frauen, die schon bei uns berühmt waren?"

„Ganz sicher", sagte der Geistführer. „Manche Menschen werden in eurer Welt nur durch ihre Geburt berühmt, aus keinem anderen Grunde. Sie sind nicht durch ihre Lebensweise berühmt geworden, nicht durch ihre Mühe und nicht durch ihre Arbeit. Bei uns gibt es viele, viele bei euch einst unbekannte Menschen, denen der Glanz des Ruhmes erst in unserer Welt zuteil wurde. Ihre Seele ist ihr unverkennbares Merkzeichen."

„Gibt es in eurer Welt Bücher oder etwas Gleichwertiges?" wurde weiter gefragt.

„Ja, es gibt viele, viele Bücher", sagte Silberbirke. „Es gibt ein Doppel jedes Buches, das ihr in eurer Welt habt, und wir haben noch viele andere Bücher, für die es in eurer Welt kein Gegenstück gibt. Es gibt große Hallen und Gebäude für alle Wissenschaften, und auch die Literatur hat darin ihren Platz. Es ist uns möglich, uns Wissen über jeden Gegenstand anzueignen, für den wir uns interessieren."

„Wer stellt die Bücher her?"

„Autoren, Menschen, die Spezialisten für die Herstellung von Büchern sind."

„Gibt es auch ätherische Bücher, die ätherische Wesen lesen und benutzen können?"

„Ja."

Dann wandte sich das Gespräch alten Problemen zu, auf die ein neues Licht geworfen wurde. „Könnte dasselbe Buch für einen anderen Benutzer verschieden sein?" war die erste Frage.

„Nein", erklärte der Geistführer, der seinerseits fragte:

„Habt ihr jemals geträumt, ein Buch zu lesen?"

„Ich nicht", war die Antwort, „aber ich kann mir vorstellen, was das für eine Erfahrung wäre."

„Wäre das ein wirkliches Buch?" fragte Silberbirke. „Nein", wurde geantwortet.

„Angenommen", fuhr der Geistführer fort, „ihr wacht niemals auf, so daß Träume für euch eine ständige Wirklichkeit sind, und ihr hättet keine Erfahrung im Wachbewußtsein, mit der ihr euer Traumleben vergleichen könntet. Alles, was ihr im Traum erlebt, wäre für euch Wirklichkeit, und alles, was im Wachzustand geschieht, wäre dann für euch ein Schatten. Alle die geistigen Vorgänge in eurem Traumzustand werden in der Welt jenseits des Todes außerordentlich verstärkt. Da diese geistigen Zustände für Bewohner unserer Welt Wirklichkeit sind, bilden diese Zustände für sie eine Wirklichkeit wie die stofflichen Dinge für euch in eurer Welt."

Silberbirke hat einiges von der Schönheit der geistigen Welt beschrieben, die wir, wie er sagt, während des Schlafes besuchen, wenn auch die meisten von uns beim Erwachen sich ihrer Erlebnisse nicht erinnern.

„Wenn ihr alles das, was meine Welt zu bieten hat, kennengelernt habt, werdet ihr verstehen, daß es unsere Liebe zu euch ist, die uns veranlaßt, zu euch zurückzukehren", sagte er.

„Ihr habt die Freuden der geistigen Welt noch nicht genossen. Es gibt nichts in eurer stofflichen Welt, womit ihr das Leben in der geistigen Welt vergleichen könnt, wo wir von den Fesseln des Fleisches frei und dem Gefängnis des stofflichen Körpers entronnen sind, wo wir die Freiheit haben, zu gehen, wohin wir wollen, wo unsere Gedanken Gestalt annehmen, wo sie den Wünschen unserer Herzen Ausdruck geben, wo wir nicht nach Geld zu streben brauchen. Nein, ihr habt die Freuden der geistigen Welt noch nicht genossen.

Ihr, die ihr im Stofflichen gefangen seid, versteht noch nicht, wie Schönheit sein kann. Ihr habt unser

Licht nicht gesehen, unsere Farben, unsere Landschaften, unsere Bäume, Flüsse, Ströme, Blumen, – aber trotzdem fürchten sich die Menschen eurer Welt vor dem Tode.

Der Tod erfüllt euer Herz mit Schrecken. Aber ihr werdet erst zu leben beginnen, wenn ihr ‚tot' seid. Jetzt lebt ihr, aber in Wirklichkeit seid ihr fast tot. So viele von euch sind für die Dinge des Geistes tot. Ihre geringe Lebenskraft flackert in ihren armseligen Körpern, und nichts von geistigen Dingen findet bei ihnen Anklang. Aber langsam machen wir doch Fortschritte. Langsam wächst die Kraft des Geistes an Stärke in euren stofflichen Körpern.

Es gibt keine Worte, mit denen wir das Leben in der stofflichen Welt mit dem Leben in der geistigen Welt vergleichen können. Wir, die wir ‚tot' sind, wissen viel mehr vom Leben als ihr.

Die unsere ist die Welt, in welcher der Künstler alle seine Träume sich erfüllen sieht, wo der Maler und der Dichter ihr Werk vollenden können, wo das Genie sich voll zum Ausdruck bringen kann, wo die Behinderungen der Erde nicht mehr vorhanden sind und wo alle Gaben und Talente zu gegenseitigem Nutzen verwandt werden.

Die unsrige ist die Welt, wo wir keine schwerfälligen Worte brauchen, um unsere Eingebungen auszudrücken, sondern wo der Gedanke lebendige

Sprache ist und sich mit blitzartiger Geschwindigkeit kundtut.

Die unsrige ist die Welt, wo wir uns um Geld keine Sorgen zu machen brauchen, wo es keinen Wettbewerb gibt, wo die Schwachen nicht an die Wand gedrückt werden, wo die Starken stark sind, weil sie denen etwas zu bieten haben, die weniger glücklich als sie selbst sind.

Wir kennen keine Arbeitslosigkeit, wir haben keine Elendsviertel, wir kennen keine Selbstsucht. Wir haben keine Sekten, wir haben nur eine einzige Religion. Wir haben keine heiligen Bücher, wir haben zu unserer Unterrichtung nur die göttlichen Gesetze.

Je näher wir dem stofflichen Gürtel eurer Erde kommen, um so schwerfälliger und mühseliger ist es für uns geistige Wesen, unser Wollen zum Ausdruck zu bringen.

Sterben ist nicht tragisch. In eurer Welt zu leben, ist tragisch. Es ist tragisch, den Garten des Großen Geistes mit dem Unkraut der Selbstsucht, der Gier und des Geizes bedeckt zu sehen.

Sterben heißt Freiheit des Geistes genießen, der hinter den Schranken des stofflichen Körpers gefangengehalten wird. Ist es tragisch, vom Leiden erlöst zu werden, ist es tragisch, wenn die Seele sich zum Ausdruck bringen kann? Ist es tragisch, die Wunder der Farben zu sehen, Musik zu hören, die ihr auf Erden niemals hören könnt? Nennt ihr es tragisch, wenn ihr in einem Körper leben könnt, der keinen Schmerz kennt, der imstande ist, die ganze stoffliche Welt im Nu zu durcheilen und dabei auch die Schönheit der Geistigen Welt zu genießen?

Es gibt in eurer Welt keine Maler, die mit ihren Pinseln die Schönheit unserer Welt wiedergeben können. Es gibt unter euch keinen Musiker, der in seinen Noten die Klänge unserer Musiksphären festhalten kann. Es gibt keinen Schriftsteller unter euch, der mit irdischen Worten die Schönheit unserer Welt beschreiben könnte.

Überall um euch herum seht ihr die Offenbarungen des Großen Geistes, seht den Kreislauf des Lebens, wundert ihr euch über die Schönheit und den Duft der Blumen und sagt: ‚Wie wunderbar ist das Werk des Großen Geistes!‘

Und doch ist alles, was ihr seht, nur ein sehr schwacher Abglanz der Schönheit, die wir in unserer geistigen Welt besitzen. Wir haben Blumen, wie ihr sie noch nie gesehen habt, wir haben Landschaften und Wälder, wir haben Vögel und Pflanzen, wir haben Wasserläufe und Berge. Ihr habt nichts, was ihr damit vergleichen könnt. Aber ihr werdet imstande sein, all dies zu genießen; wenn ihr dann auch Geistwesen seid, werdet ihr wirkliche Lebewesen sein.

Ihr kommt im Schlaf in unsere Welt, aber ihr erinnert euch nicht; ihr besucht die geistige Welt jede Nacht. Das ist eure Vorbereitung auf unsere Welt. Es wäre sonst ein zu großer Schock, wenn ihr zu uns kommt und euer wirkliches Leben beginnt. Wenn ihr sterbt, werdet ihr euch an diese Besuche erinnern.

Ihr werdet dann frei sein von den Beschränkungen des Körpers, werdet zum Ausdruck bringen können, was ihr im Schlaf erlebt habt. Ihr werdet euch dann an alles erinnern, was ihr während des Schlafes gesehen habt".

Kapitel 7

Silberbirkes Sprachgewandtheit

Es ist eine der Eigentümlichkeiten Silberbirkes, daß er niemals um ein Wort verlegen ist. Dies soll nicht heißen, daß er nicht manchmal ein Wort sucht. Viele Menschen äußern einen nicht enden wollenden Strom von Worten. Aber haben diese auch einen Sinn? Sind sie logisch? Bedeuten sie mehr als leere Redensarten, als Wiederholungen, Verdrehungen und oft ganz einfach nur Unsinn?

Silberbirke ist ein Meisterredner, den eine unversiegbare Quelle inspiriert. Was auch immer gefragt wird, seine Antwort kommt ohne Zögern und ist immer voll von einer Weisheit, die man vielleicht am besten als kosmischen Verstand bezeichnen kann. Wir fühlen, daß dieser große Weise der Sphären niemals sprachlos gewesen ist oder sich in Widersprüche verstrickt hat.

Bescheiden und selbstlos, wenn er voller Stolz sein könnte, gebraucht er seine wortgewandte Philosophie für ein sprachliches Gewebe von großer Würde, überzeugender Weisheit und völliger Hingabe.

Wenn ihm zu einem allgemeinen Gegenstand eine Frage gestellt wird, so gibt er eine Antwort, die für jeden gemeinsam, aber auch für jeden einzelnen zu jeder Zeit gültig ist. Zum Beispiel erwiderte er auf die Frage nach dem rechten Gebrauch der Mußezeit folgendes:

„Die Mußezeit sollte dazu verwandt werden, die Gaben des Geistes und der Seele weiterzuentwickeln. Das ist wichtig, denn die meisten Menschen widmen ihre Freizeit ihrem physischen Körper. Sie bekümmern sich um ihre Nahrung, die sie erhalten und ihnen Kraft geben soll, obwohl sie oft die Gesetze nicht kennen, die den Körper in den Stand setzen sollen, der lebenswichtige Organismus zu werden, der er sein sollte. Aber nur wenige denken daran, daß Geist und Seele einer Entwicklung bedürfen; die meisten Menschen verbringen ihr Leben geistig taub, stumm und blind.

Die großen, unerschöpflichen Reichtümer des Geistes kennen sie nicht. Die Schönheit, die ihren Geist und ihre Seele erfüllen könnte, ist ihnen nicht bekannt. Sie wissen nur wenig von den vielen Wissenschaften, die ihnen inneren Frieden und eine bessere Einschätzung der größeren Seite des Lebens vermitteln würden.

Es ist der Geist, den jeder einzelne bei sich pflegen sollte, in einer Stille, in der er sich an all die Kraft gewöhnen müßte, die ihn umgibt, in der er eins werden kann mit den großen Wesen unserer Welt, wo er lernen kann, teilzuhaben an all den Eingebungen, an all der Weisheit, an dem Wissen und der Wahrheit aus dem Schatzhaus des Großen Geistes."

„Kannst du Eingebungen erklären?" fragte einmal jemand.

„Ja, das kann ich mit einem einzigen Satz", erwiderte der Geistführer, „Eingebungen sind das Mittel, durch das der Geist sich seiner selbst bewußt wird; es ist mehr als der Vorgang normaler irdischer Verstandestätigkeit. Eingebungen lassen euch blitzschnell erkennen, wozu ihr normalerweise langes Nachdenken benötigt. Eingebungen sind ein Vorgang der Einstimmung, während dessen ihr Erkenntnisse gewinnt, für die ihr sonst zu demselben Gegenstand viel Zeit und tiefes Nachdenken benötigt."

Die einfache Menschlichkeit des Geistführers zeigte sich in seiner Antwort auf die Frage: „Ist es unklug für Farbige und Weiße, einander zu heiraten und Kinder zu haben?"

Seine klare Antwort lautete: „Ich bin auch ein Farbiger. Muß ich noch mehr sagen? Eure Welt ist sicherlich im Irrtum, wenn sie glaubt, daß Überlegenheit durch die Hautfarbe bestimmt wird. Überlegenheit wird durch den Dienst am Mitmenschen errungen. Es gibt keinen anderen Weg dahin. Ihr seid im Geist nicht größer oder kleiner, weil eure Hautfarbe weiß, braun, rot oder schwarz ist. Die Farbe eurer Haut zeigt nicht die Entwicklung eurer Seele an. Eure Welt versucht, ewig bestehende Probleme mit körperlichen Maßstäben zu messen, aber es gibt nur einen einzigen ewigen Maßstab, den Maßstab des Geistes.

Alle Rassen und Hautfarben sind ein Teil des Großen Geistes in allem Lebendigen, der in der vollkommenen Mischung aller Hautfarben eine Harmonie geschaffen hat. Laßt uns das Werk der Natur betrachten und erkennen, daß, wie mannigfaltig und bunt auch die Blumen in einem großen Garten sind, niemals eine Disharmonie oder eine gar zu grelle Farbe festzustellen ist. Wenn bei den Menschen die Hautfarben richtig gemischt sind, wird eine vollkommene Rasse entstehen."

„Ist es bei dem gegenwärtigen Zustand der menschlichen Gesellschaft richtig, Mischlingskinder zu zeugen und zur Welt zu bringen?" fragte ein Zirkelteilnehmer.

„Vorurteile müssen überwunden, Irrtümer müssen bekämpft werden," antwortete der Geistführer. „Die Wahrheit wird sich durchsetzen, wenn auch langsam und schmerzvoll, weil es die Wahrheit ist. Was wert ist, daß man es besitzt, ist wert, daß man darum kämpft. Den Sieg erringt ihr durch Kampf. Es wird dem der Preis zufallen, der wagt und siegt, nicht dem, der voller Furcht ist und vor den Schwierigkeiten zurückschreckt. Das Leben ist eine Schule. Durch Not und Kampf, Anstrengungen und Schwierigkeiten, durch widrige Umstände, Stürme und Orkane muß der Geist seinen Weg finden."

Eine der besten, ohne Zögern gegebenen Antworten auf eine Frage durch einen Zirkelteilnehmer erhielten die Anwesenden, als Silberbirke gefragt wurde: „Wenn du gebeten würdest, im Rundfunk über die Wahrheit des Spiritualismus zu sprechen, was würdest du sagen?" Er erwiderte:

„Ich begönne damit, daß ich sagen würde, ich sei nur einer jener Menschen, die eure stoffliche Welt für tot ansieht, daß aber dieser Glaube eurer Welt auf einem Irrtum beruht. Das Leben kann nicht aufhören. Das Leben dauert fort, weil es ein Teil der großen, ewigen, schöpferischen Lebenskraft ist. Ich würde die Zuhörer bitten, ihre überkommenen Vorurteile abzulegen und die Frage des Überlebens mit einer Einfachheit des Herzens und Sinnes zu betrachten und nur nach der Wahrheit zu suchen.

Ich würde meine Hörer auffordern, duldsam und mitfühlend zu sein und sich keine Sorgen zu machen über das, was andere gelehrt haben, sondern selbst die Wahrheit zu suchen. Ich würde als Zeugen dafür die vielen Menschen in der ganzen Welt erwähnen, die wissen, daß es ein Leben gibt, das über das Grab hinaus weitergeht, weil sie selbst mit Menschen gesprochen haben, die als tot bezeichnet werden. Dann würde ich für mich selbst reden und sagen, ich sei einer von denen, die ihre zugewiesene Lebensspanne beendet und vor vielen Jahren den Schleier des irdischen Lebens durchdrungen, aber sich entschlossen hätten, eure dunkle Welt zu erhellen und sie die Wahrheiten des Geistes zu lehren, die für eine viel zu lange Zeit verborgen geblieben sind.

Ich würde in einfacher Sprache einige dieser einfachen Wahrheiten darlegen und meine Hörer fragen, ob sie dächten, ob diese irgendwie der Vernunft widersprechen oder ihren Verstand beleidigten. Ich hätte keine wohlerworbenen Rechte, würde ich ihnen sagen, hätte kein Geld zu verdienen, keinen Arbeitsplatz zu verteidigen. Ich hätte nichts zu gewinnen. Ich käme nach vielen, vielen Jahren in der geistigen Welt zu ihnen zurück, um ihnen mitzuteilen, was ich weiß. Ihre Aufgabe sei es, mir zuzuhören.

Ich würde ihnen sagen, daß sie unsterblich sind, daß es keinen Tod für sie gibt, daß die Menschen, um die sie trauern, für die ihnen Tränen des Leids die Wangen hinabströmen, still an ihrer Seite stehen, still für sie, weil ihr sie nicht hören könnt, die sich aber schon längst danach gesehnt haben, euch zu erreichen.

Ich würde sagen: ‚Ihr seid die Toten, die nichts von dem Leben wissen, wie es in Wirklichkeit vorhanden ist. Ihr habt eure Augen für all die Schönheit in der Welt des Großen Geistes geschlossen. Ihr habt nur den winzig kleinen Teil der irdischen Welt wahrgenommen. Alles um euch herum ist von einem vielfältigen Leben erfüllt. Eure eigenen Lieben sind da und hinter ihnen die engen Reihen der Unsterblichen, Reihen von Männern und Frauen aus allen Zeitaltern, die, nachdem sie eurer stofflichen Welt gedient haben, als sie unter euch weilten, immer noch bereit sind, euch Freundschaft, Führung und Kameradschaft und die Weisheit ihres erweiterten Lebens anzubieten.

Wenn ihr die Blindheit vorzieht, dann haltet eure Augen geschlossen! Wenn euch die Taubheit lieber ist, dann schließt eure Ohren! Wenn ihr weise seid, dann öffnet die Fenster eurer Seele, so daß ihr euch der großen gewaltigen Kraft des Geistes bewußt werdet, die euch stärken, ermutigen und lehren wird, wie das Leben gelebt werden sollte, damit es uns Freude macht.

Ihr seid die Kinder des Großen Geistes, dessen Weisheit und Liebe das ganze Weltall geschaffen hat. Die Bande, die euch mit dem Großen Geist vereinigen, können durch euer Verständnis verstärkt werden. Wenn euch Kirchen daran hindern, dieses Wissen zu erlangen, dann trennt euch von den Kirchen! Wenn Menschen Hindernisse dafür sind, dann achtet nicht auf sie! Wenn Bücher euch hindern, dann werft sie fort!

Zieht euch in die Stille eurer eigenen Seele zurück! Vergeßt die stoffliche Welt mit ihren großen Mißklängen! Stimmt euch ein in das vielfältige geistige Leben um euch herum, und ihr werdet dann erfahren, daß ihr die Beschränkungen des irdischen Lebens überwinden könnt. Seid aufgeschlossen für das Wissen, habt Verständnis dafür! Ihr braucht nicht gefangen zu sein, ihr könnt den Kerker der Unwissenheit verlassen und im Lichte geistiger Freiheit leben.

Das ist es, was ich sagen würde."

Kapitel 8

Kräfte des Geistes

Ein Londoner Journalist mit einiger Kenntnis des Spiritualismus stellte Silberbirke Fragen zum Unterschied zwischen einem Gedanken und einer Eingebung. Der Geistführer antwortete folgendermaßen:

„Ihr, die ihr in der stofflichen Welt lebt, seid wenig schöpferische Kreaturen. Ihr erschafft nichts außer in sehr seltenen Fällen. Die Gedanken erreichen euch; sie sind in euch, ihr vermehrt sie und gebt sie weiter, so daß andere sie empfangen können. Der Gedanke, der euch erreicht, ist nicht mehr derselbe, wenn ihr ihn weitergebt. Eure Persönlichkeit hat ihn stärker oder schwächer werden lassen, hat ihn bereichert oder ärmer gemacht, hat ihn schöner oder häßlicher werden lassen, hat ihm ein neues Leben verliehen oder ihn entstellt. Aber vor allem könnt ihr, wenn ihr euch einstimmt, nützliche Eingebungen von jenen Wesen erhalten, die eine gleiche Denkweise wie ihr selbst haben.

Wenn die Menschen ‚sterben', wie ihr es nennt, kommen sie in unsere Welt, aber der Reichtum der Seele und des Geistes, den sie besitzen, kann nicht verlorengehen. Er ist göttlich, unendlich, und wie alle göttlichen und unendlichen Dinge kann er nicht zugrunde gehen. Alle Eigenschaften des Geistes und der Seele setzen ihr Wachstum fort, entfalten sich, entwickeln sich und reifen in unserer Welt. Die große Tatsache, daß ihr diese Eigenschaften der Seele besitzt, bedeutet, daß ihr, wenn ihr in unsere Welt gelangt, bald bestrebt seid, denen zu helfen, die weniger glücklich sind als ihr. Ihr findet Menschen, wie ihr selbst seid, oder versucht, sie zu finden.

Wenn du ein Dichter wärest, suchtest du einen Dichter, wenn du ein Musiker wärest, einen Musiker. Du gingest also immer gleichen Interessen nach, wo immer dies möglich ist, so daß du alles, was du gelernt hast, in deiner neuen Welt weitergeben kannst. Die Schwierigkeit ist der Vorgang der Anpassung. Es ist nicht unser Fehler, daß Eingebungen auf kurze blitzartige Gedanken beschränkt sind. Wenn die Gesetze, welche die Bedingungen zwischen den beiden Seiten des Lebens regeln, von euch gut verstanden und wenn die Menschen eurer Welt sich von den vielen Vorurteilen und abergläubischen Gedanken befreien würden, die eine volle und freie Verbindung mit euch verhindern, könnte die Weisheit des Unendlichen durch menschliche Werkzeuge sich in eure Welt ergießen. Es ist immer notwendig, daß wir ein menschliches Werkzeug finden, das empfängt, was wir geben, und daß es sich auf uns einstimmt, um das Höchste zu erhalten, was wir geben können. Alle Eingebungen, alle

Wahrheit, alles Wissen hängt von eurer Aufnahmefähigkeit ab."

Bei einer anderen Gelegenheit erklärte der Geistführer, wie die geistige Welt auf Medien wirkt, und sagte einer Gruppe irdischer Freunde: „Wir arbeiten auf zwei verschiedene Weisen. Zuerst wagen wir uns an das Schwierigste, d.h., wir müssen unseren Einfluß in eurer Welt fühlbar machen. Ihr wißt nicht, wie schwierig es ist, mit einer stofflichen Welt zu beginnen und dann durch geistige Anstrengung zu wirken, durch Konzentration, Gedankenübertragung auf bestimmte Personen, so daß er oder sie von uns beeinflußt wird. Unbewußt glauben diese Menschen dann, daß sie ihre eigenen Gedanken ausdrücken, aber wir bringen sie dann dazu, daß uns die erste Verbindung mit ihnen möglich ist.

Das ist unsere schwerste Aufgabe, und wir brauchen dazu Jahre. In meinem Falle hatte ich damit zu beginnen, bevor mein Medium geboren war. Der nächste Schritt ist dann nicht so schwierig, denn wenn wir erst ein Werkzeug, ein Medium, einen Kanal haben, so daß wir uns ausdrücken können, wenn auch zunächst noch mit großer Mühe, dann ist wenigstens ein magnetisches Band gebildet worden, das nicht zerbrochen werden kann.

Nach einem solchen Anfang können wir unseren Einfluß verstärken; er kann immer größer werden, und die einzige Beschränkung ist die Aufnahmefähigkeit des Mediums, denn das ist immer die Schranke für seine Zusammenarbeit mit uns. In allen Fällen, wo die Verbindung nicht gelingt, liegt die Schuld nicht bei uns, sondern bei unserem Werkzeug. Wenn die Menschen sagen: ‚Warum tut die geistige Welt nicht dies oder das?‘, dann liegt dies daran, daß unsere menschlichen Werkzeuge es möglich oder unmöglich machen.

Wenn das magnetische Band gebildet worden ist, dann ist alles viel einfacher, weil dann durch unsere Welt die Kraft des Geistes euch erreichen kann. Wenn ihr aus eigenem Antrieb euer inneres Ich sich entwikkeln laßt, dann erlaubt ihr jenem Teil von euch, der ewige Wirklichkeit ist, sich schon auf Erden zum Ausdruck zu bringen, anstatt erst dann, wenn ihr das Tor des Todes durchschritten habt.

Dann wird unsere Verbindung enger, reicher und wirksamer in dem Maße, wie die Zeit vergeht. Danach ist es nicht so schwierig, die Menschen zusammenzuführen, deren Zusammentreffen ein Teil des Planes ist. Es ist der erste Schritt, der am schwierigsten ist.“

Bei einer bestimmten Gelegenheit wurde von Silberbirke erklärt, was in Trance bei dem Medium geschieht. Er begann damit, daß er sagte, er habe einige Schwierigkeiten, das Medium zu kontrollieren, weil es im Begriff sei, einzuschlafen. „Das ist nicht gut für mich“, sagte er.

„Warum?“ fragte ein Zirkelteilnehmer.

„Ich muß alles kontrollieren können, was die Funktionen des Körpers regelt“, sagte Silberbirke.

„Kannst du das Medium nicht kontrollieren, während es schläft?“ fragte derselbe Besucher.

„Nein“, sagte der Geistführer, „weil ich sein Unterbewußtsein benutzen muß, um seinen Körper zu lenken, und im Schlaf ist das Medium manchmal nicht aufnahmefähig. Die Trance ist nicht dasselbe wie der Schlaf.“

„Aber verläßt das Medium nicht in beiden Fällen seinen Körper?“ fragte derselbe Zirkelteilnehmer.

„Nein, es handelt sich nicht darum, ob das Medium außerhalb oder innerhalb seines Körpers ist“, erwiderte der Geistführer. „Wir haben es dann mit dem Bewußtsein und seiner Arbeitsweise zu tun, und das ist nicht innerhalb oder außerhalb des Körpers.“

„Ich dachte, das Bewußtsein des Mediums verlasse ihn während der Trance“, bemerkte der Frager.

„Ja, aber das ist nur eine zeitweilige Trennung von seinem physischen Körper“, erwiderte Silberbirke, „es ist eine bereitwillige Hingabe, während dies im Schlaf nicht der Fall ist. Jede mediale Tätigkeit ist eine bewußte Zusammenarbeit zwischen unseren beiden Welten. Es gibt Beispiele unbewußter Zusammenarbeit, aber wo wirkliche Arbeit zwischen einem Geistführer und einem Medium geleistet werden soll, muß die Zusammenarbeit bewußt geschehen. Das Medium muß bereit sein, an allem mitzuwirken, was zur Entwicklung medialer Fähigkeiten notwendig ist."

„Ist es nicht vorgekommen, daß das Medium in seinem Schlaf benutzt wurde, um Trancebotschaften durchzugeben?" wurde der Geistführer gefragt.

„Es mag solche Fälle gegeben haben", sagte er, „aber es ist eine Umkehrung des Vorgangs, wie er normalerweise abläuft."

„Ist es möglich, daß das Medium in seinem Schlaf damit einverstanden war?" bemerkte der Besucher.

„Ja, aber wie du weißt, erfüllen wir immer den Wunsch des Mediums", sagte Silberbirke, „außer wenn er unwichtig ist. Dann schlagen wir vor, was geschehen sollte. Aber natürlich gehört uns dieser Körper nicht; er gehört seinem Bewohner. Wenn er damit einverstanden ist, ihn uns für eine Weile zu überlassen, so ist das gut und schön, aber ihn der Herrschaft über seinen Körper für eine Weile zu berauben, widerspricht dem Gesetz. Es ist eine freiwillige Übergabe seines Körpers, bei der beide Seiten vorsichtig die Kräfte benutzen, die seinen Körper lenken."

Als Silberbirke gebeten wurde, etwas über die Benutzung des Unterbewußtseins im Trancezustand zu sagen, erklärte er:

„Es wird dabei vieles falsch verstanden. Kurz gesagt, das Bewußtsein hat viele Aufgaben. Der Mensch ist eine Ausdrucksform des Bewußtseins, und das Bewußtsein ist das Wichtigste. Das Bewußtsein ist individuelles Leben, das individuelle Leben ist das Bewußtsein. Wo ein Bewußtsein vorhanden ist, gibt es einen individuellen Geist, und wo immer ein individueller Geist ist, da ist auch das Bewußtsein. Ihr versteht nicht die Größe eures Bewußtseins in der physischen Welt, in der ihr lebt, weil euer Bewußtsein viel größer ist – um einen Ausdruck zu gebrauchen, den ihr versteht – als der physische Körper, durch den es versucht, sich zum Ausdruck zu bringen. Das Kleinere kann nicht das Größere umfassen; das Schwächere kann nicht das Stärkere halten.

Während eures ganzen irdischen Lebens bringt ihr nur einen kleinen Teil des größeren Bewußtseins zum Ausdruck, das ihr einmal in den Tagen nach eurem Tode erfassen werdet. Auch dann werdet ihr nicht sofort euer ganzes Bewußtsein erfassen, denn nur durch eine lange Entwicklung in unserer Welt erkennt ihr immer mehr die Größe des Bewußtseins.

Euer Bewußtsein, das euren Verstand leitet, das euer ganzes menschliches Leben überwacht, wirkt nicht für jedes Erfordernis eures physischen Lebens tätig und bewußt. Vieles, was für euer Leben in dieser Welt erforderlich ist, geschieht automatisch und mechanisch. Wenn das Bewußtsein einmal die Tätigkeit der Muskeln oder der Nerven, der Zellen und ihres Gewebes und alles das in Gang gesetzt hat, was für euer irdisches Leben nötig ist, so verweist es all dies an euer Unterbewußtsein.

Wenn ihr eßt, so öffnet ihr zum Beispiel unbewußt den Mund, und dies bedeutet das Zusammenwirken vieler Nerven und Kräfte, bevor eure Kinnbacken sich bewegen. Die Antriebe für die Nerven gehen vom Gehirn aus, welches das physische Gegenstück des Bewußtseins ist, und dann öffnen sich eure Zahnreihen, und das Gehirn gibt ähnliche Anweisungen. All das geschieht automatisch. Ihr geht auch nicht jedesmal, wenn ihr einen Bissen Speise zu euch nehmen wollt, bewußt durch alle notwendigen Prozesse, bevor ihr ihn eßt. Ihr tut es automatisch, euer Unterbewußtsein tut alles für euch. Als ihr kleine Kinder ward, mußtet ihr alles nacheinander lernen; nun geschieht alles, ohne daß ihr darüber nachdenken müßt, rein mechanisch.

Ihr werdet daher feststellen, daß eure körperlichen und zum großen Teil auch geistigen Funktionen vom Unterbewußtsein aus gelenkt werden, welches ein Teil beziehungsweise die Grundlage eures Wachbewußtseins ist. Ihr lest ein Buch, und ihr haltet inne, um darüber nachzudenken, und die Antwort kommt euch automatisch in den Sinn. Es ist euer Unterbewußtsein, das euch die Antwort gibt, das durch Verbindung mit eurem Wachbewußtsein gelernt hat, wie ihr von eurem Verstand Gebrauch macht. Ihr hört eine Rede, und wenn ihr dann gefragt werdet: ‚Was haltet ihr davon?', dann gebt ihr die Antwort oft, ohne nachzudenken.

Wenn ihr es jedoch mit Problemen zu tun habt, die außerhalb eurer gewöhnlichen Erfahrung liegen, die nicht vorher schon von eurem Unterbewußtsein einmal gelöst worden sind, dann muß euer Wachbewußtsein wirksam werden, weil eine neue Gedankenbahn geschaffen wurde. Aber davon einmal abgesehen, werden die meisten eurer Lebensfunktionen, für die ihr ein eigenes Denken benötigt – wenn man diesen Ausdruck in diesem Zusammenhang benutzen kann – dem Unterbewußtsein überlassen. Es ist als Verwalter tätig, es übernimmt alles, was ihr in eurem Gedächtnis bewahrt habt, es überwacht die meisten eurer Lebensvorgänge und ist daher in mancher Beziehung der wichtigste Teil eures Körpers.

Wenn es sich um mediale Tätigkeit handelt, so ist es klar, daß, wo eine Intelligenz wirken will, die durch eine fremde Intelligenz sich zum Ausdruck bringen muß, es für sie leichter ist, das Unterbewußtsein zu lenken, weil dies wesentlich daran gewöhnt ist, nach den Anweisungen des Wachbewußtseins zu handeln. Es ist daran gewöhnt, Befehle zu empfangen, Aufgaben zu übernehmen und ohne Unterbrechung auszuführen, außer wenn etwas falsch verläuft.

Fast alle Formen medialer Tätigkeit machen den Gebrauch des Unterbewußtseins nötig, denn es ist das Geheimnis der Persönlichkeit. Dort sind wie in einem Vorratshaus alle Eigenschaften der Individualität gespeichert. In der medialen Trance ist das, was der Geistführer als erstes zur Kontrolle seines Mediums zu lernen hat, daß er von seinem Medium nicht die automatischen Reaktionen wie gewöhnlich erhält, wenn dessen Wachbewußtsein seinem Unterbewußtsein Anweisungen erteilt. Das ist die Hauptsache."

„Muß er das Unterbewußtsein zur Untätigkeit zwingen?" fragte ein Zirkelteilnehmer.

„Nein", sagte Silberbirke, „der Geistführer hat eine Harmonie mit der Persönlichkeit des Mediums herzustellen, um eine so vollkommene Verbindung zu bewirken, daß er ihm seine eigenen Gedanken eingeben kann. Gleichzeitig muß er das fremde Unterbewußtsein so beherrschen, daß dieses Impulse aussendet. Es ist ähnlich wie bei den Tasten einer Schreibmaschine. Wenn ihr diese nach unten drückt, so bewegen sich die Buchstaben nach oben. Das ist es, was der Geistführer zu lernen hat.

Ihr könnt euch denken, daß, wenn ihr es mit einem

Lebewesen zu tun habt, dieses seine eigenen Gedanken hat, seine Vorurteile, seine Neigungen und Abneigungen, daß der Geistführer bei jeder Form der Kontrolle einige Eigentümlichkeiten des Mediums übernehmen muß. Es ist unmöglich, wie ich euch gesagt habe, das Medium jemals völlig auszuschalten. Der Grad seiner Ausschaltung hängt von dem Erfolg ab, den der Geistführer bei der Vermischung seiner Persönlichkeit mit derjenigen seines Werkzeugs hat. Wenn es möglich wäre, eine völlige Verschmelzung zu erreichen, dann könnte das Unterbewußtsein sich nicht einmischen.

Es ist nicht so, daß ihr das Medium ausschaltet – das ist gar nicht möglich –, aber ihr könnt eine Mischung der beiden Persönlichkeiten erreichen. Das ist die Entwicklung medialer Tätigkeiten. Darum sitzt ihr in Zirkeln zusammen. Darum habt ihr Sitzungen, so daß die Kraft, die von allen Anwesenden ausgeht, der Vermischung der beiden Persönlichkeiten hilft. Darum ist Harmonie wichtig. Darum ist es unmöglich, wenn zwischen den Anwesenden Reibungen bestehen, Harmonie zwischen dem Geistführer und dem Medium zu erzielen. Die ganze Zeit über habt ihr es mit geistigen Kräften zu tun und, obwohl für euch unsichtbar, wirken alle Gedanken, Impulse, Begierden der Anwesenden auf die Verbindung der beiden Welten. Je weiser und erfahrener der Geistführer, je größer die Harmonie zwischen ihm und seinem Medium ist, um so weniger wird das Unterbewußtsein des Mediums stören."

„Ist es von deinem Standpunkt aus besser, ein Medium zu wählen, dessen Wünsche und Gefühle mehr oder weniger dieselben sind wie die des Geistführers?" fragte ein Zirkelteilnehmer.

„Das kommt darauf an", erwiderte der Geistführer. „Das ist etwas, worüber man streiten kann, und selbst in unserer Welt ist man darüber nicht überall derselben Meinung. Ihr dürft nicht vergessen, daß auch wir menschliche Wesen sind, und wir sind nicht in allen Einzelheiten, was unsere Verbindung mit eurer Welt betrifft, derselben Meinung.

Es gibt solche unter uns, die sagen, daß wir einen größeren Erfolg haben, wenn wir ein unwissendes Medium benutzen, eines, dessen Wissen sehr gering ist, so daß sein Unterbewußtsein kein Hindernis für uns darstellt. Andere wieder sagen dazu, daß seine bloße Unwissenheit ein Hindernis ist, weil sie eine Mauer errichtet, die wir niederreißen müssen. Sie glauben auch, daß es besser ist, wenn das Medium ein großes Wissen hat; bessere Musik werde durch ein Instrument erzeugt, das ein Meister geschaffen hat, als mit Hilfe eines billigen Instrumentes, das ihr für wenig Geld in eurer Welt kaufen könnt; je besser das Instrument, um so besser seien die Ergebnisse, die man damit erzielen kann. Ich selbst neige zu dieser Ansicht."

„Warum sollte ein Medium mit großem Wissen besser sein als ein unwissendes?“ fragte ein Zirkelteilnehmer. „Ist es nicht auch eine Frage des Charakters?“

„Ich spreche von medialen Mitteilungen in Trance“, erwiderte der Geistführer. „Der Charakter ist eine andere Frage, die mit anderen Faktoren zusammenhängt. Ich beziehe mich auf die gewöhnlichen Vorgänge oder, wenn euch dieses Wort lieber ist, auf die Mechanik der Verbindung zwischen den beiden Welten. Ein Geigenspieler wird mit einer Stradivarius bessere Ergebnisse erzielen als mit einer billigen Fiedel, weil die Schönheit und besondere Eigenschaft der Stradivarius-Geige ihn befähigt, bessere Ergebnisse zu erzielen. Eine einfache Geige ist für ihn ein Hindernis.

Der Charakter des Mediums hat eine große Wirkung auf das sich mitteilende Geistwesen, bei physischen Manipulationen auf die dadurch erzielten Ergebnisse. Je niedriger der Charakter – ich gebrauche diese Worte nur zum Vergleich – des Mediums ist, um so minderwertiger ist zum Beispiel das benutzte Ektoplasma, nicht in körperlicher Hinsicht, sondern vom geistigen Standpunkt aus. Der Charakter bestimmt die Kraft der Anziehung zwischen dem Geistwesen und dem Medium. Es wäre zum Beispiel für jemand, den ihr als Heiligen betrachtet, unmöglich – wegen seines hohen geistigen Standes –, sich durch ein Medium von sehr niederem Charakter zu äußern, weil es für beide keinen Berührungspunkt gibt."

„Bei physikalischer Medialität scheint das Unterbewußtsein ebenfalls eine Rolle zu spielen", bemerkte ein Besucher. „Kannst du das erklären?"

„Der Mittelpunkt jeder medialen Sitzung ist das Medium", sagte Silberbirke, „ihr benutzt keinen Fernsprecher, ihr benutzt keinen Telegraphen, ihr benutzt keine Morsetaste. Ihr benutzt ein lebendiges Instrument, und seine Lebensweise beeinflußt unsere Verbindung mit euch."

Es ist gut, daß dies so ist. Wenn es möglich wäre – was es nicht ist –, die Verbindung zwischen unseren beiden Welten rein mechanisch herzustellen, ginge das meiste des daran Schönen und Heiligen verloren. Bei jeder Sitzung ist stets das Medium im Mittelpunkt. Ihr könnt ohne es nicht auskommen. Alle seine Eigenschaften sind erforderlich. Wenn ein Schalltrichter aufgehoben wird oder eine Verkörperung stattfindet, ist das Medium die Grundlage, und welche Eigenschaften das Medium auch hat, in der einen oder anderen Form spiegeln sie sich in den Ergebnissen der Sitzung."

„Warum ändern sich Herz- und Pulsschlag, wenn ein Geistwesen ein Medium kontrolliert?" wurde der

Geistführer während einer Sitzung gefragt. „Ist es denn in der Regel der Herz- oder Pulsschlag des Geistwesens?“

„Wenn ein Geistwesen ein Medium kontrolliert“, erklärte er, „geschieht dies durch das Unterbewußtsein, und das Unterbewußtsein des Geistwesens regelt automatisch die Funktionen des Körpers, d.h., den Herz- und Pulsschlag, die Körpertemperatur und den Blutkreislauf. Dies bewirkt einen Wechsel der Atmung bei einer solchen Kontrolle. Es ist aber nur ein Übergangsstadium. Was im Grunde geschieht, ist, daß das Geistwesen seine eigene Persönlichkeit, wie sie einmal in seinem physischen Körper war, wiederherstellt, wenn es sich mit dem Stofflichen verbindet. Ich zum Beispiel benutze den Körper eines Indianers, und durch das Medium wird mein Pulsschlag der des Indianers, weil es leichter ist, das Bewußtsein des Astralkörpers zu benutzen, als ganz von vorn anzufangen.“

Auf die Frage: „Wer oder was sind unsere Geistführer?“ sagte Silberbirke:

„Manchmal sind es Geistwesen, die zur Familie gehören. Manchmal gibt es Bande irdischer Beziehungen, aber oft ist es eine geistige Verwandtschaft, weil eine Aufgabe erfüllt werden soll. Diese geistige Verwandtschaft beschränkt sich nicht auf Angehörige der gleichen Rasse oder des gleichen Volkes, denn Rasse und Volk bestehen nach dem Tode nicht fort, weil dann die Gewohnheiten der Erde abgelegt werden. Rasse und Volk gibt es nicht in den Seelen, sondern nur in den Körpern."

Silberbirke erklärte einen Teil der von den Geistführern geleisteten Arbeit, als er gefragt wurde: „Kannst du uns sagen, wie die Geistführer ausgewählt werden?" Der Geistlehrer antwortete: „Einige sind freiwillig dazu bereit, weil sie sich der Arbeit bewußt sind, die in eurer Welt geleistet werden muß. Andere, die einen hohen Grad geistiger Reife erreicht haben, werden von den Geistwesen darum gebeten, deren Aufgabe es ist, der Menschheit zu helfen.

Ich wurde auch gefragt, ob ich bereit sei. Ich habe mir meine Aufgabe nicht selbst gewählt. Aber als ich gefragt wurde, ob ich freiwillig dazu bereit sei, erklärte ich mich gern einverstanden, und ich kann euch sagen, daß mir ein düsteres Bild von den Schwierigkeiten gezeigt wurde, die ich zu überwinden hätte, bevor ich einen Erfolg erzielen könne. Aber die Schwierigkeiten habe ich zu einem großen Teil überwinden können, und die Hindernisse, die es für mich noch gibt, sind sehr klein, verglichen mit denen, die schon hinter mir liegen."

„Die freiwilligen Helfer, zum Unterschied von denen, die darum gebeten wurden, – haben sie einige Prüfer zu überzeugen, die sich vergewissern, daß sie fähig sind, Geistführer zu werden?“ war die nächste Frage.

„Es geschieht nicht ganz so“, antwortete Silberbirke, „aber es geschieht etwas ganz Ähnliches. Unsere Welt ist sehr planvoll eingerichtet, viel planvoller, als ihr es jemals für möglich haltet, und um unsere Aufgabe zu erfüllen, ist eine ganz genaue Planung erforderlich. Ihr kennt dem Namen nach einige Helfer in dieser Gruppe, die im allgemeinen Geistwesen sind, die sich sehr zurückhalten, weil sie jedesmal, wenn ich sie ermutigen möchte, sagen: ‚Du gehst voran‘.

Wir können nun unsere Gruppe, unsere Helfer, nicht erreichen, wenn sie nicht unserer Aufgabe zuliebe sich zu uns hingezogen fühlen und wenn wir in unserer Entwicklung nicht einen Grad erreicht haben, daß sich andere Geistwesen zu uns bekennen. In unserer Welt bestimmt das, was wir sind, das, was wir tun. Es sind unsere geistigen Eigenschaften, die für uns die wahre Wirklichkeit darstellen. Es gibt für uns keine Maske, keine Verkleidung, keinen Betrug; nichts bleibt verborgen; alles ist bekannt.“

Kapitel 9

Der Tod kann uns nicht scheiden

„Seid niemals furchtsam! Die Furcht ist eine negative, zerstörende, verderbliche und schwächende Eigenschaft. Sie beeinträchtigt euer Urteilsvermögen und eure Vernunft, sie hindert euch daran, Probleme klar zu sehen. Es gibt keine Probleme, die ihr nicht lösen könnt. Es gibt keine Schwierigkeit, die ihr nicht überwinden könnt; ihr müßt nur der in euch verborgenen göttlichen Kraft zum Ausdruck verhelfen.

Die Menschen in eurer Welt haben mit wenigen Ausnahmen noch nicht zu leben begonnen. Sie bringen nur einen sehr kleinen Teil der Kraft zum Ausdruck, die in ihnen wohnt. In Augenblicken gefährlicher Krisen oder Not wenden sie sich an diese Kraft, und sie verleiht ihnen Stärke, Mut und Weisheit. Aber sie könnten diese Kraft immer in Anspruch nehmen. Sie kann euch Gesundheit geben, Krankheiten besiegen, euch führen in Zeiten der Unsicherheit, euch leiten, wenn ihr verwirrt seid, stärken, wenn ihr müde, und Erkenntnis vermitteln, wenn ihr blind seid. Sie ist für euch da, damit ihr sie benutzen könnt."

Mit diesen starken Worten bekämpft Silberbirke einen tückischen Feind. „Furcht entsteht in der

Dunkelheit menschlichen Aberglaubens", erklärte er, als ihn jemand fragte: „Du sagst, wir sollten furchtlos sein, aber brauchen wir nicht die Furcht für unsere Entwicklung?" Silberbirke fuhr fort:

„Furcht ist ein Überbleibsel aus den frühen Tagen der menschlichen Entwicklung, als die Urmenschen die Vorgänge in der Natur nicht verstanden und sie Kräften zuschrieben, die sie für übernatürlich hielten. Sie fürchteten sich vor der Nacht, vor der Sonne, vor dem Sturm, dem Blitz und dem Donner. Sie fürchteten sich vor allen natürlichen Erscheinungen, weil ihnen das Verständnis dafür fehlte.

Aber jetzt seid ihr nicht länger Menschen der Urzeit. Ihr rühmt euch eurer hohen Kultur, seid stolz auf eure großen Fähigkeiten. Warum solltet ihr darum Furcht haben, da ihr doch wißt, daß ihr ein Teil des Großen Geistes, ein Teil von allem Lebendigem seid, daß ihr alle an der allgemeinen Entwicklung teilhabt, daß ihr die Kraft besitzt, die das ganze Weltall geschaffen hat und die für jede Lebensäußerung verantwortlich ist, welche die ganze Welt mit allem erfüllte, was sie enthält? Warum habt ihr immer noch Furcht, da ihr doch wißt, was und wer ihr seid? Nein, Furcht ist ein Fehler, denn sie macht euch ängstlich, und ihr solltet nicht ängstlich sein. Ihr solltet im Lichte des Wissens leben, das auf der Zuversicht beruht, daß ihr unsterbliche Geistwesen seid und nichts jemals euer ewiges Leben beeinträchtigen oder zerstören kann?“

Die größte Furcht des Menschen ist vielleicht seine Furcht vor dem Tode. Es gibt keinen größeren Schrekken für den Menschen, als wenn er sich vorstellt, daß sein Dasein für immer ausgelöscht wird, und es gibt keinen größeren Schmerz für einen nicht aufgeklärten Menschen, als wenn jemand, den er tief und zärtlich liebte, für immer zu atmen aufhört.

„Aber versteht bitte“, sagte Silberbirke, „daß der Tod keine Tragödie für den Sterbenden ist; er ist nur eine Tragödie für die Menschen, die zurückbleiben. Aus der Dunkelheit in das Licht zu gelangen, ist nichts, was euch Schmerz bereiten sollte.

Wenn ihr voller Kummer seid, dann empfindet ihr in Wirklichkeit Kummer über den Menschen, der in Wahrheit frei geworden ist. Er ist besser dran. Er leidet nicht länger all die Beschwerden des menschlichen Körpers. Er unterliegt nicht länger den Wirkungen verzehrender Krankheiten. Er entfaltet alle seine Gaben, die ihm verliehen worden sind und wird sie frei von allen Fesseln anwenden können. Er wird denjenigen besser helfen können, die seiner Hilfe bedürfen.

Ihr vermißt die gewohnte Gegenwart des geliebten Menschen, ihr trauert um den physischen Körper, den ihr nicht länger seht, aber der ‚Tote‘ ist in Wirklichkeit immer da, auch wenn ihr ihn nicht sehen könnt. Schaut über die Welt der Sinne hinaus aus den fünf plumpen, groben Fenstern eurer Seele, und versucht, ein wenig von der Weisheit zu erlangen, die euch durch Kenntnis geistiger Wirklichkeiten zuteil wird.

Braucht ihr traurig zu sein, wenn ihr keinen Schmerz mehr fühlt, nicht mehr alt werdet, nicht mehr müde und erschöpft?“ fragte er bei einer anderen Gelegenheit. „Braucht ihr traurig zu sein, wenn die ‚Toten‘ aus der Dunkelheit in das Licht gelangen? Braucht ihr traurig zu sein, wenn sie jetzt alle die Gaben entfalten können, die ihnen mitgegeben worden sind? Braucht ihr traurig zu sein, wenn sie jetzt das tun können, was ihrer Natur entspricht?

Nein, euer Kummer ist selbstsüchtig. Ihr trauert um euren eigenen Verlust, um das, was ihr vermißt und was ihr selbst ertragen müßt, – ein Leben voller Einsamkeit, ohne die Liebe, die es bereichert hat. Ihr braucht aber nicht einsam zu sein, wenn ihr euch nur an die Wahrheit gewöhnt und wenn euch die Schuppen von den Augen fielen, so daß ihr die astrale Gestalt des geliebten Menschen sehen könntet.

Der Tod kann euch von den Menschen, die ihr liebt, nicht trennen, denn die Liebe wird immer stärker sein. Euer Schmerz beruht auf Unwissenheit. Das Wissen gibt euch die Sicherheit, daß der ‚Tote‘, den ihr geliebt habt, euch näher ist als jemals zuvor. Das Wissen könnte euch die Freude empfinden lassen, die das Verständnis geistiger Wirklichkeiten mit sich bringt.

Trauert nicht, weil die Raupe zu einem schönen Schmetterling geworden ist! Weint nicht, weil der Käfig geöffnet wurde und der Vogel frei ist! Freut euch und versteht, daß die gefangene Seele frei geworden ist und daß, wenn ihr nur die Kräfte nutzen würdet, die der Große Geist euch verliehen hat, ihr einiges von der neuen Schönheit und Freude teilen könntet, die ihr zuteil geworden ist. Ihr könntet den Sinn des Todes verstehen und begreifen, daß der Tod nur eine Stufe ist, ein Tor, durch das hindurch ihr das Reich geistiger Freiheit betreten könnt."

Eine anschauliche Beschreibung des Todes als Teil des Lebenszyklus wurde von Silberbirke gegeben, als er einmal zur Osterzeit einen Vergleich zu den Jahreszeiten zog.

„Bedenkt das ‚Wunder' der Jahreszeiten!" sagte er, „denkt an den ewigen Kreislauf, an seine unzerstörbare Beständigkeit, an den Schnee des Winters, wenn das ganze Leben schläft, an die Boten des Frühlings, wenn das Leben erwacht, an die Kraft des Sommers, wenn das Leben sich in seiner ganzen Schönheit offenbart, an den Herbst, wenn die Natur schweigt und die

Natur sich zum Schlaf anschickt, bevor wieder die Zeit der Erneuerung kommt.

Ihr seid Zeugen der großen Offenbarungen der Natur – Frühling, Ostern, Auferstehung –, wenn in der ganzen Welt neues Leben erwacht, ein Leben, das geschlafen, das sich in die Dunkelheit der Mutter Erde zurückgezogen hat, um dort Ruhe und Frieden zu finden. Bald werdet ihr den Saft in den Pflanzen steigen sehen, ihre Knospen, ihre Blätter und Blüten. Die kleinen Winterlinge heben ihre Köpfe, und tausend Staubfäden verkünden die Geburt neuen Lebens.

Ihr werdet an die alten Heiden erinnert, an die ‚unzivilisierten' Wilden, deren Religion auf dem Wandel der Natur beruhte, die in den Jahreszeiten ein göttliches Drama sahen, die aus der Bewegung der Sterne und der Planeten das Leben der Götter ableiteten, der Kräfte, die über sie wachten, welche die Menschen beobachteten, die sie beherrschten, die erkannten, daß die schönste Jahreszeit der Frühling war, wenn ihre Welt neu geboren wurde.

Der Kreislauf der Natur wiederholt sich in jedem menschlichen Leben, in jedem einzelnen Menschen. Zuerst erlebt der Mensch den Frühling mit seinem erwachenden Bewußtsein, dann den Sommer, wenn die Kräfte des Menschen am stärksten sind, den Herbst, wenn der Schlaf kommt für die müde, erschöpfte Seele. Aber nach dem Winter des körperlichen Lebens kommt der Frühling für den Geist; er erwacht in einer anderen Welt, um jenen ewigen Kreislauf fortzusetzen. Versteht diese Botschaft der Natur und seid sicher, daß die Naturgesetze, die nie geirrt haben, zu wirken fortfahren werden, – bei euch und bei jedem menschlichen Leben.“

Kapitel 10

Der wahre Sinn der Religion

Als er gefragt wurde, was für ihn die Religion sei, erwiderte Silberbirke: „Religion ist für mich, dem Großen Geist zu dienen, indem ich seinen Kindern diene. Religion hat wenig mit der überkommenen Vorstellung eurer Welt zu tun. Religion ist das, was den Großen Geist in euch in den Stand setzt, sich in eurem Leben zu offenbaren. Religion ist das, was das Band zwischen euch und dem Großen Geist verstärkt. Religion ist das, was euch antreibt, in eure Welt hinauszugehen und überall da zu helfen, wo ihr könnt. Religion ist der Dienst am Mitmenschen, der Dienst am Mitmenschen ist Religion.

Alles andere ist nicht wichtig. Wenn der physische Körper stirbt, wird offensichtlich, daß alle Glaubensbekenntnisse, deretwegen die Menschen so lange gekämpft und gestritten haben, leer und eitel, bedeutungslos und zwecklos sind, denn sie haben zum Wachstum der Seele in keiner Weise beigetragen. Das Wachstum der Seele wird nur durch Dienst am Nächsten verstärkt, denn in dem Maße, wie ihr euer eigenes Ich im Dienst für andere vergeßt, wächst eure eigene Seele an Kraft und Stärke.

Gar zu lange hat es viele sogenannte Religionen

gegeben, jede mit einer anderen Botschaft. Was sie am eifrigsten vertreten, ist in Wirklichkeit wertlos. Die Dinge, für die sie in vergangenen Tagen Blut vergossen, Folterungen, Verstümmelungen und Verbrennungen verursacht haben, hat die Seele des Menschen nicht im geringsten wachsen lassen. Sie haben die Menschheit in verschiedene Lager geteilt, sie haben Schranken errichtet, haben unnötig Streit in Ländern und Familien geschaffen. Sie haben Zwistigkeiten verursacht, haben alles getan, was zu Zwietracht und Zerrissenheit geführt hat. Es ist ihnen nicht gelungen, die Kinder des Großen Geistes zu vereinen. Daher sind uns Gebäude und überkommene Religionen unwichtig. Wir kümmern uns nicht darum, wie ein Mensch sich nennt. Es kommt nur darauf an, was er tut."

Eines der wichtigsten Elemente der orthodoxen Religionen ist das Gebet. Was ist der Zweck des Gebets? Hier ist Silberbirkes Antwort:

„Nicht um etwas zu erbitten, was dem Großen Geist bereits bekannt ist, nicht, ihn mit Tatsachen bekanntzumachen, die er schon kennt, sogar bevor sie ausgesprochen werden, nicht, um etwas zu erflehen, was ihr, wenn es euch gewährt wird, vielleicht nicht verdient. Denn könnt ihr selbst entscheiden, was für eure Entwicklung am besten ist? Nein! Der Zweck eines wahren Gebets ist es, eine engere Verbindung mit dem Großen Geist und allen Kräften des Geistes zu erlangen, so daß sie euer Ich in einer viel reicheren Art durchströmen, als es jemals zuvor geschehen ist.

Das echte Gebet ist eine geistige Übung, die zur Selbsterkenntnis führt, so daß ihr eure Schwächen und Unvollkommenheiten erkennt, aber auch eure angeborene Stärke. Das Gebet bringt euch daher sicher an die Quelle allen Seins und befähigt euch, höhere Stufen eurer Entwicklung zu erreichen."

Als er gefragt wurde, wie die geistige Welt das Gebet beurteilt, antwortete der Geistführer: „Um ein Gebet richtig zu beurteilen, müssen wir uns klarmachen, welchem Zweck es dient. Die bloße Äußerung von Worten, die bloße Wiederholung von Formeln bewirkt nichts. Diese ausgetretenen Pfade locken niemand; auch wecken sie keine lebendigen Kräfte. Wir lieben nicht leere Phrasen, denn es ist keine Aufrichtigkeit damit verbunden, und der Mensch, der ein solches Gebet spricht, tut dies gewöhnlich ohne innere Anteilnahme, denn er hat lange aufgehört, über die Bedeutung der Worte nachzudenken, die er fast wie ein Automat wiederholt. Das echte Gebet hat jedoch seinen Wert. Wir sagen nicht, daß, solange ihr in eurer Welt lebt, jede irdische Mühe durch eine Tätigkeit eures Geistes ersetzt werden kann.

Das Gebet ist nicht dazu bestimmt, das Hilfsmittel

des Feiglings zu sein, der seinen Verpflichtungen entgehen will. Es ist kein Ersatz für die Arbeit, die ihr zu leisten habt. Es ist kein Mittel, das euch helfen kann, euch eurer Verantwortung zu entziehen. Es ist auch kein Mittel, sich von den Gesetzen des Großen Geistes zu befreien. Kein Gebet kann dies bewirken, auch kann es nicht im geringsten dazu beitragen, das unabänderliche Gesetz von Ursache und Wirkung außer Kraft zu setzen. Ihr könnt alle Gebete als wertlos ansehen, die nicht aus einem Herzen kommen, das bereit ist, zu dienen und sich seiner Pflichten und Verpflichtungen bewußt ist. Von solchen Gebeten abgesehen gibt es Gebete, die eine seelische und geistige Übung sind und daher gewisse Schwingungen erzeugen, die eine Wirkung verursachen. Diese Wirkung ist nicht unbedingt diejenige, die der Beter erwartet, aber sie ist das natürliche Ergebnis der Schwingungen, die er verursacht hat.

Wenn ihr ehrlich, gerecht und angemessen alle Probleme und Schwierigkeiten behandelt habt, denen ihr euch gegenüberseht, wenn ihr, soweit eure Kräfte dazu reichen, versucht habt, eine Lösung zu finden, euch dies aber nicht gelungen ist, dann habt ihr durchaus das Recht, darum zu bitten, daß eine höhere Kraft, eine größere Seele euch in der Stunde eurer Hilflosigkeit beistehen möge. Es wird euch dann die Führung zuteil werden, und ihr werdet erkennen, was ihr tun müßt, denn die Geistwesen, die euch umgeben, die mit ihren geistigen Augen sehen, kennen die Ängste eurer Seele. Sie wissen zum Beispiel, ob ihr ehrlich seid oder nicht.

Dann gibt es das Gebet von Menschen, die eine bessere Harmonie mit den geistigen Kräften erstreben. Sie sprechen das Gebet ihrer Seele, das die körperliche Schranke überwinden und ihr eigenes Leben führen möchte. Diese Gebete müssen erfüllt werden, denn ihr bloßes Aussprechen setzt den Geist in den Stand, langsam zu sich selbst zu finden. Wenn ihr ein Gebet erwähnt, so müßt ihr immer zwischen den Gebeten unterscheiden, die ihr sprecht.

Jetzt will ich von dem Gebet sprechen, das ihr das Vaterunser nennt, und ich will von vornherein sagen, daß kein mechanisches Gebet irgendwelchen Wert für die Menschheit hat, daß der bloße Akt des mechanischen Gebets es seiner Kraft beraubt, die es ursprünglich besessen haben mag. Es mag als nützliche Formel dienen, aber es kann euch sonst in keiner Weise nützen. Der Große Geist ist das vollkommene Gesetz. Es ist nicht notwendig, den Großen Geist mit Bitten zu belästigen, die ihr selbst erfüllen könnt. Ihr müßt auch bedenken, daß viele Jahre vergangen sind, seit das Vaterunser gesprochen worden ist. Seitdem ist der Mensch geistig erwachsen und hat sich entwickelt. Er versteht jetzt viel mehr vom Leben und allen seinen Äußerungen. Es wurde von dem Nazarener nicht ganz in seiner jetzigen Form gesprochen, aber es wurde in die Sprache gekleidet, welche die Menschen seiner Zeit verstehen konnten.

Ihr wißt, daß der Große Geist nicht im Himmel thront. Der Große Geist ist das vollkommene Gesetz, das für das ganze Weltall, für jede Lebensform gilt. Es gibt keine Form des Lebens im ganzen ungeheuren Weltall, für die das Gesetz nicht gilt. Der Große Geist ist nicht mehr im höchsten Himmel, als er in der untersten Hölle ist. Der Große Geist ist überall und wird durch jede Form weltlicher Tätigkeit zum Ausdruck gebracht. Es ist nicht notwendig, Bittgebete zu sprechen, daß das Himmelreich kommen möge. Es wird kommen, aber wann dies geschieht, hängt von dem Wirken der Wesen ab, welche die Kraft des Geistes verwenden und sein Kommen zu beschleunigen versuchen. Daß es kommen wird, ist sicher, aber ob sein Kommen beschleunigt oder verzögert wird, hängt von der Arbeit ab, die Menschen in eurer Welt leisten können."

Gebete um schönes Wetter oder Regen sind in den orthodoxen Kirchen üblich. Die Zirkelteilnehmer sprachen über Gebete um Sonnenschein, und ein Zirkelteilnehmer sagte: „Was hätte Gott zu tun, um plötzlich das Wetter schön werden zu lassen? Welchen Luftdruck hätte er über Island zu erzeugen, und könnte er dies bewirken?"

„Ich bin schon öfter zu diesem Gebetsthema gefragt worden", sagte Silberbirke, „und der Große Geist läßt sich nicht beeindrucken, wenn ihr euch plötzlich entschließt, ihn in der Menge um etwas zu bitten. Der Große Geist, weil er der Große Geist ist, kennt all Wünsche Seiner Kinder, bevor sie Ihm in Domen und Kirchen zum Ausdruck gebracht werden.

Ein Gebet besteht nicht darin, daß große Menschenmengen sich versammeln und auf festgelegte Worte hören. Das Gebet kann die Wirkung der Naturgesetze nicht ändern. Es kann die Folge von Ursache und Wirkung nicht aufheben. Der Mensch hat nicht die Macht, das zu stören, was eine mathematische Gewißheit ist, – daß die Wirkung der Ursache mit völliger Sicherheit folgt.

Das Gebet hat seinen Wert als geistige Übung, wenn der Mensch, der sich seiner Grenze, aber seltsamerweise auch seiner Kraft bewußt ist, die ihm innewohnende Energie dazu verwendet, sich zu größeren Taten beseelen zu lassen. Das Gebet, wenn es ein wirkliches Gebet ist und damit eine geistige Übung, ist etwas, was den menschlichen Geist befähigt, sich von den Banden der Erde zu befreien und sich besser zum Ausdruck zu bringen. So macht sich der Mensch den höheren Kräften gegenüber aufgeschlossener und findet in sich selbst die Antwort auf sein Gebet; indem er zu helfen wünscht, erlangt er die Fähigkeit zu größeren Eingebungen.

So verstehe ich den Wert des Gebets. Aber Massengebete, um die Naturgesetze zu ändern, können keine Wirkung haben."

Als er gefragt wurde, was er von Gebetstagen halte, erwiderte Silberbirke: „Das Beten ist weder eine amtliche noch eine nichtamtliche Einrichtung. Es kann nicht für bestimmte Tage oder Nächte festgesetzt werden. Das wahre Gebet kann nicht von irgend jemand angeordnet werden. Nur wir selbst können uns dazu entschließen.

Mechanische Gebete sind wertlos. Die Menschen, die von Zeit zu Zeit zusammenkommen, weil es von ihnen erwartet wird oder weil es ihre Gewohnheit ist, um Worte zu lesen oder vorgelesen zu bekommen, die ihnen so vertraut sind, daß sie ihre Sinne nicht mehr beeindrucken, diese Menschen sind dem Großen Geist nicht nähergekommen. Der Große Geist kennt alle ihre Nöte. Er kennt die unausgesprochenen Wünsche eurer Herzen. Es besteht kein Grund, in großen Massen zu ihm zu beten.

Das wahre Gebet besteht nicht aus Worten, die in der Öffentlichkeit gesprochen werden; das wahre Gebet besteht überhaupt nicht aus Worten. Das wahre Gebet ist das Bestreben der Seele, zu erkennen, daß sie nur ein Teilchen eines viel größeren Ganzen ist, mit dem sie eins zu werden versucht. Sie versucht, jener Kraft näherzukommen, die sie geschaffen hat und von der sie ein Teil ist.

Das wahre Gebet spricht der Mensch, wenn er allein ist, wenn seine Seele sich danach sehnt, sich dem Rhythmus des Lebens, all den schöpferischen Kräften harmonisch anzupassen, die um den Menschen herum wirksam sind, so daß der einzelne fähig wird, seinen Mitmenschen von großem Nutzen zu sein. Das wahre Gebet ist ein Mittel der Selbsterkenntnis für den Menschen, der sich seines göttlichen Ursprungs bewußt ist und seine verborgenen Fähigkeiten zu nutzen sucht, damit er ein echter Helfer jener Kraft wird, der er Geburt und Leben verdankt.

Diese Dinge können nicht durch amtliche Handlungen bewirkt werden, weder durch Prunk noch durch Zeremonien. Sie können nur in der Stille der Seele ermöglicht werden, in der Stille, die für alle jene voll Bedeutung ist, die aufrichtig bestrebt sind, nichts für sich selbst zu gewinnen, sondern anderen zu helfen."

Die Ansichten des Geistführers zum Gebet wären nicht verständlich ohne ein oder zwei Beispiele für die Gebete, die Silberbirke selbst spricht. Zuerst eine Anrufung:

„O Großer Weiser Geist, wir wollen die vollkommene Liebe offenbaren, die das vollkommene Gesetz erfüllt. In vielen hundert Jahren haben die Menschen versucht, sich ein Bild von Dir zu machen, und ihre Vorstellungen beruhen auf ihren Irrtümern und Beschränkungen.

Sie haben schwache Einblicke in die höchste Weisheit gewonnen, die das Leben lenkt, und haben versucht, diese überirdische Kraft mit Worten auszudrücken, die sie verständlich machen sollen. Sie stellten sich vor, Du seist ein menschliches Wesen mit all den Schwächen, Fehlern und Leidenschaften, die allen sterblichen Wesen gemein sind. Sie stellten sich eine persönliche Gottheit vor, die in ihr Leben eingriff, um seine Liebe oder seinen Zorn zu zeigen. Obwohl sich im Laufe der Jahrhunderte das Wissen der Menschen vermehrte, wurde ihr Bild vom Schöpfer aller Dinge, von dem, der Du wirklich bist, nicht richtiger.

Es übersteigt die Fähigkeiten der Menschen, das Unendliche in endlicher Sprache auszudrücken. All die Göttlichkeit Deiner Majestät, die Ewigkeit Deiner Liebe und Deine Weisheit können nicht von den Menschen erfaßt werden, deren Sinne sich auf die stoffliche Welt beschränken.

Wir, die wir andere Erfahrungen des Seins gemacht haben, weisen auf das Naturgesetz hin, auf das Gesetz, das alles umfaßt und regelt, das Gesetz, das immer gilt und immer gelten wird, das jede Tätigkeit im Weltall lenkt, das mit Myriaden von Lebensformen angefüllt ist, das Gesetz, dem jede menschliche Tätigkeit untergeordnet ist.

Mit dem Verständnis, wie das Weltall gelenkt wird, und mit der Befreiung von der Vorstellung eines parteiischen Gottes erkennt der Mensch ein Bild der Folgerichtigkeit, der Ordnung und der vollkommenen Ausgeglichenheit. Der Mensch erkennt, daß er ein Teil einer unendlichen Schöpfung ist und daß sein eigenes Leben seine ihm zugewiesene Rolle im göttlichen Plan spielt.

Es ist ein Teil unserer Aufgabe, euch jene menschlichen Eigenschaften zu zeigen, die dem Leben mehr Glanz verleihen können, jene Eigenschaften der Seele und des Geistes, die von euch noch nicht erforscht worden sind, die noch große Möglichkeiten in sich schließen, wenn sie richtig angewandt werden, die das menschliche Leben bereichern, verschönern und edler machen können und einen Augenblick der geistigen Größe vermitteln, die das menschliche Verständnis umwandeln kann.

Dies sind die Eigenschaften des Menschen, die ihn mit dem Ewigen verbinden, die göttlichen Fähigkeiten, die Du uns verliehen hast und die euch, wenn ihr sie entwickelt, gottähnlich machen und euch helfen, euer Geburtsrecht zu beanspruchen und euer Erbe zu fordern.

So bemühen wir uns um eure geistige Reife, denn es

herrscht bei euch so viel geistige Unwissenheit. Wenn wir sie überwinden könnten, wäre das Licht der Wahrheit der Leitstern für die ganze Menschheit.

Alles, was zur Dunkelheit auf Erden gehört, wäre nicht länger vorhanden, und Deine Kinder würden überall ein solches Leben führen, wie Du es wünschest, frei, aufrecht und ihrer göttlichen Eigenschaften würdig."

Hier folgt eine beseelte Danksagung für das göttliche Erbe des Menschen:

„O Großer Weiser Geist, wir sind die lebendigen Zeugen für Deine ewigen Wahrheiten und Dein unwandelbares Gesetz. Wir sehen Dich im Panorama der Natur und erkennen in ihr Dein göttliches Werk.

Wir erkennen Dich im Aufgang und Untergang der Sonne, in den leuchtenden Sternen am Himmelszelt, in der gewaltigen Flut des Ozeans, im sanften Windhauch, in den schwankenden Kiefern, im Summen der Insekten, im blauen Himmel, in all den Erscheinungen der natürlichen Ordnung des Lebens.

Du bist mit dem Geist, der in allen lebendigen Geschöpfen wohnt. Im Menschen sehen wir Dich als ein bewußtes Einzelwesen, denn Du hast ihn zu Dir emporgehoben, so daß er mit Dir an den Vorgängen in der unendlichen Natur teilhaben kann.

Du hast dem Menschen viele Deiner göttlichen Eigenschaften verliehen, und er besitzt infolgedessen die Gaben des Geistes, die ihn befähigen, die verborgenen Kräfte des Lebens zu erkennen, die Kräfte des Geistes.

Es ist diese Kraft, die das Leben möglich gemacht hat. Es ist diese Kraft, die den Menschen von der ganzen übrigen Schöpfung unterscheidet; es ist diese Kraft, die dem Menschen die Fähigkeit des Denkens und Urteilens, des Überlegens und der Unterscheidung verliehen hat. Sie setzt ihn in den Stand, Schönheit zu erkennen und zu verstehen, Weisheit zu erlangen und zu würdigen, Wissen zu erwerben und zu schätzen.

Es ist diese Kraft, die es dem Menschen ermöglicht, die Eingebungen des höheren Lebens wahrzunehmen, die es ihm ermöglichen, denen zu helfen, die in Not sind, die ihn die Welt des Geistes begreifen lehrt, - mit ihren Bewohnern, die versuchen, den Menschen auf dem weiten Gebiet des Helfens zu benutzen, die ihn befähigt, seinen eigenen Platz im großen kosmischen Plan zu erkennen.

Wir wollen das Wissen von all dem verbreiten, damit es den Menschen seine ihm zugewiesene Aufgabe erfüllen läßt, das ihn befähigen wird, seine höhere Bestimmung außerhalb seines irdischen Wirkens zu erfassen.

Der Mensch wird schließlich imstande sein, all die Dunkelheit zu überwinden, die jetzt noch das Licht verfinstert. Er wird imstande sein, in Weisheit, Wahrheit, Verständnis und Harmonie frei zu leben. Er wird seinen Mitmenschen helfen, ihre Verbindung mit Dir zu verstehen, den Zweck ihres Lebens zu begreifen und sich des höheren Lebens bewußt zu werden, das ihn jenseits des Tores erwartet, das die Menschen Tod nennen."

Abschließend noch ein Gebet zur Nächstenliebe:

„Laßt uns alle innehalten, um uns in die gewaltige Kraft des Weltalls einzustimmen, in die Quelle des Lebens und aller Weisheit, in den göttlichen Geist, damit wir uns erfrischen und Kraft schöpfen, damit wir in Deiner Weisheit baden, damit wir Führung, Zielstrebigkeit und Verständnis gewinnen können.

O Großer Geist, wir alle wollen Deine Helfer sein, wo wir nur können, wollen Dein Wort verbreiten, Deine Weisheit, Deine Liebe und das Verständnis für Deine ewigen Naturgesetze. Wir wollen den Menschenkindern ihren Platz in Deinem unendlichen Weltall geben, damit sie sich selbst erkennen und lernen, die Kraft zu nutzen, die Du ihnen in einer Welt geschenkt hast, die voller Dunkelheit, Bitterkeit, Zorn und Haß ist. Wir wollen die einfachen Werte geistiger Wirklichkeit verbreiten, die für immer die Grundlagen sind für Gerechtigkeit, Recht,

Güte und Schönheit. Die Menschen, die ihren Weg verloren haben, die nicht wissen, wo sie Dich finden können, wollen wir lehren, daß Du in ihnen wohnst, daß Dein unendlicher Geist sie erfüllt, daß das Himmelreich in Wahrheit in ihnen ist, ein Reich der Freude und des Glücks, der Weisheit und des Verständnisses, ein Reich der Duldung und der Rechtschaffenheit.

Wir wollen alle jene erreichen, die betrübt, müde, krank und in Not sind, die Frauen, die sich nicht trösten lassen, die nicht wissen, wohin sie sich um Hilfe und Verständnis wenden sollen, damit sie erkennen, daß Du sie nicht im Stich gelassen hast. Unsere Aufgabe umfaßt die ganze stoffliche Welt und alle Menschen, die darin leben, ohne bei ihnen einen Unterschied zu machen, denn wir wissen, daß Dein Geist jedes menschliche Wesen erfüllt, jeden Teil Deines unendlichen Weltalls und in jeder, auch der kleinsten Lebensform zum Ausdruck kommt.

Mit der Erkenntnis dieser Wahrheit wird ein neuer Friede kommen, der die Herzen, Seelen und Sinne der Menschen erfüllen und veranlassen wird, füreinander zu leben und Dir dadurch zu dienen, daß sie überall Deinen Kindern helfen."

Dienst am Nächsten, – wie viele von uns dienen der Menschheit in dem hingebungsvollen und edlen Sinne, von dem Silberbirke immer wieder spricht? Wahre

Selbstlosigkeit gibt es nur bei wenigen, aber die folgenden Worte sollten ein Antrieb für jene sein, die bereit sind zuzugeben, wie weit sie von den hohen religiösen Zielen entfernt leben, die in dem einfachen Wort Dienst (am Nächsten) ausgedrückt werden:

„Das Wesen unserer Lehre ist in dem einfachen Wort Dienst enthalten. Wir haben für immer jener Selbstsucht den Krieg erklärt, die eines der Krebsgeschwüre eurer Welt ist. Wir wollen diesen Materialismus besiegen, der zu Kriegen, zu Blutvergießen, zu Chaos und Zerstörung führt.

Wir predigen das Evangelium der gegenseitigen Hilfe, der Zusammenarbeit, der Duldsamkeit und des Mitgefühls. Wir wollen, daß alle Menschen lernen, einander zu helfen, daß derjenige, der viel hat, jenem von seinem Überfluß gibt, der wenig oder nichts besitzt, daß die Menschen, die reich an Gaben des Geistes sind, ihre Gaben benutzen, um denen Licht zu spenden, die noch in der Dunkelheit leben.

Eure Welt braucht Hilfe. Sie muß lernen, daß alle Menschen ein Teil eines Ganzen sind, daß der göttliche Geist alle Wesen durchströmt und sie in den Augen des Großen Geistes gleich macht, gleich in dem, was ihre Natur betrifft. Es ist großartig, wenn die Menschen, die im Charakter, im Wachstum, in der Entwicklung und im Verständnis fortgeschrittener sind als andere, zu teilen versuchen, was sie besitzen, mit denen, die daran Mangel haben.

Die Menschen, die für die geistige Welt tätig sind, die ihr ihre Gaben zur Verfügung stellen, werden immer feststellen, daß ihnen geholfen wird, wenn sie anderen helfen, weil sie das Gesetz erfüllen, das für alle Menschen gilt. Dies ist nicht Teil einer Bestechung oder einer Belohnung, es ist nur die Erfüllung des Gesetzes von Ursache und Wirkung. Wer am meisten gibt, erhält am meisten."

Silberbirke äußerte sich auch über die wichtige Frage der religiösen Erziehung der Kinder:

„Laßt uns mit der sehr einfachen Wahrheit beginnen, daß das Kind von heute der Mann oder die Frau von morgen ist. Wir erkennen daher ohne weiteres, daß die Erziehung, die das Kind erhält, eine angemessene Vorbereitung für das Leben sein sollte, das es später führen muß, so daß es bereit ist, die Aufgaben zu erfüllen, die alle Erwachsenen in einem Land zu übernehmen haben.

Wahre Erziehung sollte darin bestehen, jenes Wissen zu verbreiten, das die Kinder befähigt, Mitbürger in der Welt zu sein, in der sie leben. Sie sollten alle Naturgesetze des Weltalls kennenlernen. Sie sollten sich der Fähigkeiten bewußt werden, die ihnen mitgegeben worden sind, so daß ihre Entfaltung für ihr eigenes Leben von größter Wichtigkeit ist, aber auch für die Welt, in der sie leben.

Das Kind ist beeinflußbar; es hat noch keine rechte Urteilsfähigkeit; es fehlt ihm noch daran. Es kann noch nicht erkennen, ob das, was ihm gesagt wird, falsch oder wahr oder nur zu einem Teil wahr ist. Der Verstand des Kindes kann noch leicht geformt werden, und da es vertrauensvoll ist, nimmt es als Wahrheit an, was ihm in einem Alter gesagt wird, in dem es Lehren, die es erhält, noch nicht bezweifelt.

Ihr habt es daher mit einem wertvollen und sehr empfindsamen Material zu tun. Ihr vermittelt dem Kind Eindrücke, die ein Teil seiner selbst werden, und wirkt auf das Unterbewußtsein des Kindes ein, und alles was es lernt, wird sein späteres Leben beeinflussen. Die Menschen, die aus irgendeinem Grunde dem Kinde falsche Lehren einprägen, machen sich für die Zukunft einer sehr großen Schädigung der Rasse und der Kultur schuldig.

Wenn ihr die vielen Fähigkeiten des Kindes nicht erkennt, wenn ihr mit seinen geistigen Fähigkeiten nicht vertraut und als Folge unfähig seid, das Kind die Wahrheit über sich selbst, über seine Natur, seine Beziehung zum Großen Geist, seine Stellung im kosmischen Plan des Lebens zu lehren, so wird das Kind behindert sein. Es wird durch sein Leben gehen, ohne völlig dafür ausgerüstet und mit der Kenntnis versehen zu sein, die es haben sollte.

Es ist nicht meine Aufgabe, mich mit den wesentlichen Voraussetzungen für das körperliche Leben zu befassen. Diese sind gut bekannt, denn es ist klar, daß das Kind Unterweisung in allen Wissenschaften und in allen natürlichen Erscheinungen des Lebens braucht, in allem, was helfen kann, den Geist des Kindes zu befähigen, die Reichtümer der Literatur und aller anderen geistigen Künste und kulturellen Leistungen dieser Welt zu begreifen.

Nun komme ich zur Frage der Religion, die, da sie den Menschen führen soll, damit er die Probleme des Lebens lösen kann, bei der Erziehung offensichtlich eine wichtige Rolle spielt. Da jedes Kind ein Teil des Großen Geistes und im Herzen ein geistiges Wesen ist, sollte es alle die Wohltaten der Freiheit genießen. Wenn ihr die Seele des Kindes in seinem frühen Alter verkrampft, wenn ihr sie behindert, dann verweigert ihr dem Kind die Grundrechte der Freiheit. Ihr verurteilt sie dann zur Knechtschaft, ihr macht dann das Kind zu einem geistigen Sklaven.

Freiheit ist das wesentliche Element jeder Erziehung. Wie ich es verstehe, wird das Kind in Freiheit heranwachsen, wenn es die Wahrheit über die Religion lernt. Wenn die Lehrer des Kindes ihm keine Freiheit geben wollen, sondern die alten Mythen und Fabeln lehren, dann vergiften sie die Denkweise des Kindes. Es wird der Religion, der Erziehung und damit dem Kind kein Dienst erwiesen, wenn wir es wertlose Glaubensbekenntnisse lehren, die das Kind, wenn es klug ist, so früh wie möglich abwerfen wird.

Dann wird die unvermeidliche Gegenwirkung kommen. Dann wird das Kind sich von allen denen abwenden, die, wie es meint, es in die Irre geführt haben, als es noch nicht fähig war, ihnen Widerstand zu leisten. Das kleine Kind soll einmal kräftig und stark wie ein Baum werden, aber wenn ihr es falsch ernährt, dann tragt ihr dazu bei, daß die Wurzeln seines Wesens beschädigt werden, und sein Wachstum wird angehalten.

Wir kämpfen gegen alle jene, deren Bestreben es nicht ist, die Wahrheiten über den Geist zu lehren, über die Beziehung aller Geistwesen untereinander und zum Großen Geist, sondern deren Bestreben es ist, ihre schwankenden Kirchen zu stützen und ihre leeren Kirchenstühle zu füllen. Die Wahrheit über die Religion ist, daß keine Religion die ganze Wahrheit besitzt. Jede hat nur einen Teil der Wahrheit erkannt, und auch dieser Teil ist im Laufe der Jahrhunderte durch die Glaubenseiferer verzerrt oder verfälscht worden.

Das Kind muß lernen, daß wahre Religion darin

besteht, den Mitmenschen zu helfen, all die leeren Worte der Priester unbeachtet zu lassen und ein ehrliches, selbstloses Leben zu führen, – in dem Bestreben, der Welt, in der ihr lebt, zu dienen und so dem Großen Geist treu zu sein, von dem ihr ein untrennbarer Teil seid."

„Wie würdest du den Großen Geist den Kindern erklären?" wurde Silberbirke einmal gefragt. Er antwortete:

„Das ist nicht so schwierig, wenn derjenige, der die Kinder darüber belehren will, eine klare Vorstellung von der Kraft hat, die hinter allem Leben wirksam ist. Was mich betrifft, so würde ich auf das göttliche Wunderwerk in der Natur hinweisen. Ich würde auf den Glanz der Sonne hinweisen und auf ihren schwachen Abglanz, – den Mond.

Ich würde von den leisen, murmelnden Winden sprechen, von den schwankenden Fichten. Ich würde das schmale Bächlein und den gewaltigen Ozean erwähnen. Ich würde auf die Natur hinweisen und zeigen, wie alles gesetzmäßig und zweckmäßig geregelt ist. Ich würde hinzufügen, daß der Mensch findet, wo immer er eine Entdeckung zu einer Naturerscheinung gemacht hat, daß sie sich stets aus dem Naturgesetz ableiten ließ, daß ihr Verlauf gelenkt und geregelt ist, daß sie ein Teil eines ungeheuren, komplizierten, aber harmonischen Werkes ist, daß im ganzen Weltall eine

Ordnung herrscht, die alles umfaßt, Planeten und Insekten, Stürme und linde Lüfte, einerlei, wie verschieden die Naturerscheinungen auch sind.

Und dann würde ich sagen: ‚Die Kraft hinter all dem, die alles erhält, welche eure ganze ungeheure Welt und viele andere Welten, die ihr noch nicht gesehen habt, lenkt, ist das, was wir den Großen Geist nennen'".

Kapitel 11

Wer hat noch eine Frage?

Was hält Silberbirke von der Wiedergeburt? Welches sind seine Ansichten zum Verbrechen, zur Vivisektion, zum Selbstmord? Aus allen Teilen der Welt kamen solche schwierigen Fragen.

Auf die Frage: „Ist die Vivisektion Recht oder Unrecht? Kann der Mensch daraus Nutzen ziehen?“ antwortete er: „Ich bin gegen die ganze Praxis der Versuche an Tieren. Ich sehe dafür keinerlei Rechtfertigung. Die Tiere sind in eurer Obhut und Pflege, und in einem großen Ausmaß seid ihr für ihr Wachstum und ihre Entwicklung verantwortlich. Es ist ein schlechter Lohn für ihre Liebe, Hingabe und Treue, einem hilflosen Geschöpf Schmerzen zuzufügen.

Ihr braucht nur die Heilkraft in vielen Formen der Natur zu finden. Der Große Geist hat euch alles gegeben, was ihr benötigt; ihr braucht nicht in das Tierreich einzugreifen. Die Wesen in meiner Welt, die es verstehen, eure Krankheiten zu lindern und zu heilen, wenn andere gesagt haben, daß keine Heilung möglich ist, nehmen nicht zur Vivisektion ihre Zuflucht. Sie verwenden Kräuter auf den Feldern, sie benutzen die Austrahlungen des Geistes. Sie sind nicht zu irgend jemandem grausam. Die Welt dient einem moralischen Zweck; unmoralische Handlungen sind gegen das Naturgesetz."

„Ist es für irgend jemanden zulässig, daß er sich selbst das Leben nimmt, zum Beispiel wenn jemand einen liebevollen Lebensgefährten verliert?" Auf diese Frage antwortete Silberbirke mit aller Deutlichkeit:

„Nein! Ihr müßt euer Leben nach dem Naturgesetz führen, denn das Gesetz ist in seiner Wirkung immer vollkommen. Es wird durch vollkommene Liebe und durch den Großen Geist gelenkt, der in allen Dingen und durch alle Dinge wirkt. Ihr habt kein Recht, die Wirkung des Gesetzes zu beeinflussen, und wenn ihr es tut, müßt ihr einen Preis dafür zahlen.

Wenn ihr den Apfel vom Baum pflückt, bevor er reif ist, dann ist der Apfel nicht süß. Wenn ihr in die nächste Lebensphase eingeht, bevor euer Geist reif dafür ist, dann habt ihr den Preis dafür durch eine lange Zeit der Anpassung zu zahlen, die euch dann erwartet. Eine solche Tat wird euch auch von euren Lieben trennen, denn ihr habt zwischen euch und ihnen einen Abgrund geschaffen."

Eine andere interessante Frage war die folgende: „Wann tritt der Geist in den Körper ein?"

„Als Geist seid ihr immer dagewesen", erklärte er,

„weil der Geist ein Teil des Lebens und das Leben ein Teil des Geistes ist.

Weil ihr ein Teil des Großen Geistes seid“, fuhr er fort, „habt ihr niemals einen Anfang gehabt, aber als Einzelwesen, als ein selbstständiges, bewußtes Einzelwesen habt ihr irgendwann im Strom des Lebens einen Anfang gehabt. Wenn die Empfängnis stattfindet, treffen sich männliche und weibliche Zellen und bilden ein Ausdrucksmittel für einen winzigen Teil der Lebenskraft, die sich dann durch einen physischen Körper auszudrücken beginnt. Diese Lebenskraft kommt erst zum Ausdruck, wenn ein solches Ausdrucksmittel dafür vorhanden ist, durch das sie sich äußern kann. Es wird von den irdischen Eltern geschaffen. Von der Zeit an, da die Zellen sich vereinigt und eine Einheit gebildet haben, hat ein Fünkchen geistigen Lebens sich ihr angeschlossen und beginnt, sich in einer stofflichen Welt zu offenbaren, und nach meiner Ansicht ist dies der Beginn des Bewußtseins. Von diesem Augenblick an beginnt das bewußte persönliche Leben, und das Bewußtsein wird jetzt immer ein Einzelwesen darstellen.“

Eine andere schwierige Frage begann: „Ohne ihre eigene Schuld werden Kinder in diese Welt geboren, die an ererbten Geschlechts- und anderen Krankheiten leiden. Dies erscheint ungerecht, da es nicht die Schuld des Kindes ist, das eine solche Krankheit geerbt hat. Kannst du etwas dazu sagen?“

Der Geistführer antwortete: „Wenn ihr von Ungerechtigkeit sprecht, dann denkt ihr immer noch an körperliche Bedingungen, an eine Welt des Stoffes und nicht an ein unendliches Leben. Der Geist leidet nicht an einer Geschlechtskrankheit. Der Geist ist nicht verkrüppelt, mißgestaltet oder gekrümmt. Der Geist leidet an keiner Erbkrankheit oder irgendeiner anderen Eigenschaft, die bei den Eltern vorhanden ist. Diese Eigenschaften verändern den Geist des Kindes nicht, obwohl sie auf den Körper wirken, durch den der Geist sich auf Erden offenbart.

Vom irdischen Standpunkt aus könnt ihr durchaus sagen – ganz vom Stofflichen aus gesehen –, daß jemand, der in einem kranken Körper geboren wurde, körperlich viel mehr zu leiden hat als jemand, der mit einem gesunden Körper geboren wurde, aber dies gilt nicht für den Geist, der in dem Körper lebt. Ihr werdet nicht automatisch ärmer im Geist, weil euer Körper krank ist, und auch nicht reicher im Geist, weil euer Körper gesund ist. Im Gegenteil kann gesagt werden, daß euer Geist reicher sein wird, weil ihr die vielen Lehren des Leidens und Schmerzes gelernt habt, die alle wesentlich zur Entfaltung des Geistes gehören."

Silberbirke spricht selten über Astrologie, aber einmal sagte ein Zirkelteilnehmer zu ihm: „Ich habe bemerkt, daß einige Spiritualisten Spiritualismus und

Astrologie durcheinanderbringen. Sie glauben, daß ihr Leben auf dieser Welt irgendwie durch die Sterne vorherbestimmt ist und von ihnen gelenkt wird."

„Was daran wahr ist", sagte der Geistführer, „ist, daß das ganze Leben eine Serie von Schwingungen und Strahlungen ist und daß ihr von jedem Teil der natürlichen Ordnung oder des natürlichen Seins beeinflußt werdet. All dies hat eine gewisse Wirkung auf euch, aber nichts von allem ist so stark, daß es eine Kraft ausübt, die ihr nicht abwenden könnt.

Es ist nicht wahr, daß euer Leben vorherbestimmt ist, weil im Augenblick der körperlichen Geburt ein Stern in einem bestimmten Aufgangspunkt stand. Alle Planeten, die gesamte Natur, alles im Weltall, alle Wesen, alles hat eine Wirkung auf euch. Aber ihr seid die Herren eurer Seele, ihr habt eine persönliche Verantwortung, und ihr bestimmt euer eigenes Schicksal gemäß eurem seelischen Fortschritt. So sehe ich dies."

„Glaubst du nicht, daß der Stern, unter dem wir geboren wurden, unsere Persönlichkeit beeinflußt?" wurde er gefragt. Der Geistführer antwortete: „Ich denke, daß alle Planeten Ausstrahlungen haben, die auf euren physischen Körper einwirken, und alles, was auf euren physischen Körper einwirkt, hat auch eine gewisse Wirkung auf den Geist. Aber der Geist ist der Herrscher, der den Geist bestimmt, und es gibt keinen Stern, keine Planeten, kein Sternbild und keine Milchstraße, die euch daran hindern kann, alle die Einflüsse zu überwinden, die auf euren Körper einwirken.

Ich will sagen, daß ihr ein Teil des Großen Geistes seid, und weil ihr göttlich seid, weil die Kraft schöpferischen Lebens euch innewohnt, die das ganze Leben geschaffen hat, könnt ihr alles überwinden, was euren Körper gefangenhält. Ich selbst wirke auf euch, die Menschen, denen ihr begegnet, beeinflussen euch, die Bücher die ihr lest, ebenfalls, aber sie sind nur Einflüsse, sind nichts, was euch überwältigt oder überwindet. Das ist doch ganz klar ersichtlich."

Silberbirke erklärt, daß die Wiedergeburt eine Tatsache ist. Er hat Wesen gesehen, die schon früher im Stoff verkörpert waren. „Das geschieht", erklärte er, „bei denen, die eine besondere Aufgabe erfüllen wollen, die sie freiwillig übernommen haben, um ein Gelöbnis einzulösen.

Was sich bei ihnen wiederverkörpert, ist ein anderer Aspekt derselben Individualität, und ich meine damit nicht derselben Persönlichkeit. Wenn ihr den Menschen als ein Einzelwesen anseht, so ist er in seinem Leben wie ein Eisberg, von dem ihr nur einen winzig kleinen, aber nicht den größeren Teil sehen könnt. Das kann man mit dem Ende einer Verkörperung vergleichen. In einer späteren Verkörperung äußert sich ein Teil des vorher unsichtbaren Ichs in der stofflichen Welt. Das sind dann zwei verschiedene Persönlichkeiten, aber diese bilden nur ein einziges Wesen, und im geistigen Leben, in dem Maße, wie der Mensch Fortschritte macht, werden Teile des bislang verborgenen Ichs sichtbar."

„Ich habe viel über die steigende Zahl von Verbrechen durch junge Leute und über die Abschaffung der Prügelstrafe nachgedacht. Was ist die beste Art, diese jungen Leute zu behandeln, die nichts zu haben scheinen, womit man sie seelisch anrühren könnte, die wahre Tiere zu sein scheinen? Wie soll man mit solchen Menschen umgehen? Welche Strafen möchtest du vorschlagen?"

Für diesen ratlosen Sitzungsteilnehmer war die Antwort: „Wenn die Menschen einen Krieg führen, dann werden bei ihnen die schlimmsten Kräfte, aber auch die übelsten Triebe der Menschen frei. Es gibt dann auch heldenhafte Taten, die von höchsten menschlichen Leistungen zeugen, aber gleichzeitig erlebt ihr Taten äußerster Brutalität."

„Die beiden Extreme werden frei", sagte der Frager.

„Ja", war die Antwort, „und die Gewalt wird als notwendiger Teil des Krieges ermutigt. Wenn der Krieg zu Ende geht, könnt ihr nicht schnell alle die

Gewalt und Brutalität beenden, die vorher üblich war. Ihr erlebt es, daß die brutalen Eigenschaften bei vielen Menschen zum Ausbruch kommen. Du fragst, was ihr dagegen tun solltet. Es gibt dafür zwei Möglichkeiten, und sie werden klar in dem Buch beschrieben, das in eurer Welt hoch angesehen ist. Es gibt die alte Art, die besagt: ‚Auge um Auge, Zahn um Zahn', und es gibt die neue Art, welche die alte Lehre verdrängen sollte: ‚Liebe deinen Nächsten wie dich selbst!' Ihr habt eine klare Wahl.

Wenn ihr dem alten Weg folgt, dann erzielt ihr keine Heilung. Ihr erreicht vielleicht eine Linderung, eine zeitweilige Besserung, aber ihr heilt nicht das Übel der Brutalität. Wenn ihr dem anderen Weg folgt und erkennt, daß alle diese Bosheit ein Teil der Disharmonie von Geist, Seele und Körper ist und ihr euch darauf entsprechend einstellt, so daß die Disharmonie zu einer Harmonie werden kann, dann werdet ihr bessere Menschen schaffen. Das ist das Verfahren, das ich empfehlen möchte."

„Ja, ich sehe das ein, aber die Schwierigkeit besteht darin, die jungen Rowdys dazu zu bringen, ihre Gewalttätigkeiten aufzugeben", erklärte der Frager.

„Es handelt sich nicht darum, sie von ihrer Gewalttätigkeit abzubringen", erklärte der Geistführer. „Es handelt sich darum, daß ihr sie psychologisch und, wenn nötig, geistig so behandelt, daß sie ihre Brutalität aufgeben und ihrer Seele erlauben, sich zum Ausdruck zu bringen. Es ist wie bei einem Menschen, der krank ist und bei dem es keine Harmonie zwischen Körper und Seele gibt. Es gibt verschiedene Heilungsarten bei Krankheiten. Der beste Weg besteht darin, die Disharmonie zwischen Körper und Geist zu beenden und sie durch Harmonie zu ersetzen. Die Gesundheit ist dann ein automatisches Ergebnis. Ihr würdet gute Ergebnisse erzielen, wenn ihr euch der Hilfe von erfahrenen Psychologen und vielleicht sogar von Geistheilern versichern könntet. Ihr würdet dann gute Ergebnisse haben, aber leider ist eure Welt dazu nicht bereit."

Das Gespräch wurde fortgesetzt, als ein Zirkelteilnehmer sagte: „Es ist eine sehr interessante Frage. Wenn wir diesen jungen Rowdys eine tüchtige Tracht Prügel geben, scheinen sie sich anständig zu benehmen."

„Ihr flößt dann Furcht ein, aber ihr heilt nicht die Krankheit", sagte der Geistführer.

„Aber wir jagen ihnen dann eine solche Angst ein, daß sie sich anständig benehmen", sagte der Besucher.

„Ja, aber ihr habt ihr Problem dann nicht gelöst", erklärte Silberbirke. „Ihr betrachtet es nur von einem sehr beschränkten Zeitraum aus. Es ist wie beim Hängen eines Menschen. Ihr sagt, wenn ihr ihn hängt, habt ihr das Problem gelöst. Ja, ihr habt es zum Teil gelöst, aber der Gehängte lebt noch immer."

„Ist das Wohl eines Verbrechers wichtiger als das Wohl der Gesellschaft?" fragte derselbe Zirkelteilnehmer wieder.

„Die Gesellschaft besteht aus Einzelmenschen", sagte der Geistführer. „Sie alle erfordern unsere Aufmerksamkeit. Ich möchte auf etwas hinweisen, was ich für einen besseren Weg halte, – nicht Gewalt mit Gewalt zu vergelten, sondern durch Verständnis und Umwandlung des gewalttätigen Menschen zu einem guten Mitglied der Gesellschaft."

Hier bemerkte ein anderer Zirkelteilnehmer: „Wir sind alle für den Rowdy verantwortlich. Wir alle tragen die Verantwortung."

„Wir sind alle verantwortlich", sagte der Geistführer, „weil die ganze Menschheit eins ist. Was meinen Bruder angeht, geht auch mich an. Wir leben in einer Welt, wo das ganze Leben in jeder Hinsicht in seinen Äußerungen voneinander abhängt. Kein Teilchen kann vom Ganzen abgetrennt werden."

„Die Prügelstrafe ist nur ein Hilfsmittel. Sie flößt dem Rowdy Furcht ein, so daß er sich ordentlich benimmt", sagte der erste Frager.

„Eure moderne Gesellschaft hat noch nicht die Stufe erreicht, auf der sie angemessene Mittel für die

Übel der Welt gefunden hat", fügte Silberbirke hinzu. „Dies ist eine Sache der Entwicklung. Früher habt ihr Menschen gehängt, die Schafe gestohlen hatten. Eure Meinung war: Wenn wir sie nicht hängen, was geschieht dann mit all den Schafen, die wir beschützen müssen?"

„Ich nehme an, daß es in einer wenig entwickelten Gesellschaft richtig ist, Verbrecher zu bestrafen, wie es unserer Enwicklungsstufe entspricht", sagte ein Zirkelteilnehmer.

„Es ist nicht richtig, solange auch nur ein einziger die bessere Art versteht", sagte Silberbirke. „Was ist besser: Menschen in schreckliche Gefängnisse zu werfen oder für die Verbesserung der Gefängnisbedingungen zu kämpfen, so daß ihr den Gefangenen zu einem nützlichen Mitglied der Gesellschaft erziehen könnt? Es ist besser, einen einzigen Erfolg zu haben als neunundneunzig Mißerfolge, und überhaupt nicht zu versuchen, die Verbrecher zu besseren Menschen zu erziehen."

„Bist du der Meinung, daß die Todesstrafe richtig ist?" wurde der Geistführer während der Erörterung gefragt. Er erwiderte: „Nein, ich bin damit nicht einverstanden, weil es nicht das kleinere von zwei Übeln ist. Mit der Todesstrafe billigt ihr nur gesetzlichen Mord. Ihr sagt, ein Mord sei ein Unrecht, aber für den Staat sei er ein Recht. Dies ist nicht logisch."

„Besteht dein Einwand hauptsächlich, weil dem Verbrecher das Leben genommen wird oder weil ein Henker durch den Staat damit beschäftigt wird, einen Verurteilten in amtlicher Eigenschaft zu ermorden? Dies ist für den Henker eine sehr üble Handlung."

„Ich vertrete beide Standpunkte und auch, daß ihr, wenn ihr auf der Todesstrafe durch Hängen besteht, noch nicht in einer hochentwickelten Gesellschaft oder Gemeinschaft lebt, weil ihr nicht erkennt, daß ihr das Problem nicht löst. Alles, was ihr getan habt, ist, daß ihr einen weiteren Mord begangen habt, für den ihr alle verantwortlich seid. Das ist keine Strafe. Alles, was ihr getan habt, ist, daß ihr einen Menschen zu früh in eine andere Welt befördert habt."

Kapitel 12

Wer ist Silberbirke?

Wir lasen in diesem Buch einiges von den Lehren und der Weisheit Silberbirkes. Aber was wissen wir von Silberbirke selbst? Woher kommt er? Welches ist auf Erden der Zweck seiner Aufgabe?

Sylvia Barbanell erzählt uns ein wenig von ihm im Vorwort zu *Mehr Weisheit von Silberbirke*. „Mehr als zwei Dutzend Jahre sind vergangen", berichtet sie, seit ich das erste Mal an einem Zirkel teilnahm. Er wurde in einer sehr bescheidenen Wohnung in einer ärmlichen Gegend Londons abgehalten. Einer der Besucher, ein junger Mann, der gerade angefangen hatte, den Spiritualismus zu erforschen, war erstaunt, festzustellen, daß er in Trance gewesen war. Er war und ist noch immer Silberbirkes Medium.

Aber wie verschieden waren jene anfänglichen Sitzungen von den heutigen! Als der Geistführer sich in jener Sitzung zum erstenmal kundgab, konnte er kaum ein paar Worte Englisch sprechen. Allmählich lernte er mit wachsender Geläufigkeit, unsere Sprache zu sprechen. Er hat lange Zeit gebraucht, um seinen jetzigen, reichen Wortschatz zu erwerben.

Der junge Mann, den Silberbirke als sein irdisches Werkzeug ausgewählt hatte, wurde für die Arbeit, die er leisten sollte, erprobt, geprüft und ausgebildet. Lange Jahre wurden seine Schritte in eine bestimmte Richtung gelenkt, bis das gewünschte Ziel erreicht war, – die Möglichkeit, Silberbirkes Worte weit und breit bekanntzumachen.

Wer den Geistführer kennt, kann ihn einen lieben Freund, einen Ratgeber und Lehrer nennen. Er hält sich niemals von der Menschheit fern, sondern strahlt ein mitfühlendes Verständnis für irdische Probleme und Schwächen aus.

Die Persönlichkeit Silberbirkes hat sich entwickelt und entfaltet, seit ich ihn kennenlernte. Vielleicht sollte ich genauer sagen: Er bietet uns jetzt ein volleres Bild seiner wahren, geistigen Persönlichkeit. In den frühen Tagen seiner Verbindung mit uns war er ein zum Spaß aufgelegter, manchmal ungestümer, aber immer liebenswerter Kontrollgeist. Er hat sich langsam zu einem weisen, gereiften Lehrer der heutigen Zeit entwickelt. Sogar seine Stimme hat sich verändert und ist jetzt ganz anders als die des Mediums. Er ist jetzt so verschieden von den frühen Tagen seiner Verbindung mit uns, daß ich ihn kaum als denselben Geistführer wiedererkennen würde, wenn er nicht immer wieder zu uns gesprochen hätte. Einige seiner Eigenschaften haben sich allerdings nicht verändert.

Er hat immer noch einen ausgeprägten Sinn für Humor und immer noch die Gabe einer schnellen Erwiderung."

„Ich bin eine Stimme in der Wüste. Ich bin ein Diener des Großen Geistes. Es ist nicht wichtig, wer ich auf Erden war. Beurteilt mich nach dem, was ich zu tun mich bemühe. Wenn es mir mit meinen wenigen Worten, meinem Ernst, meiner Entschlossenheit gelingt, den Menschen unter euch, die noch in der Dunkelheit leben, Trost zu spenden oder ein Wissen zu vermitteln, dann bin ich glücklich."

Dies war Silberbirkes Antwort, als ein Zirkelteilnehmer ihn zu sagen bat, wer er auf Erden gewesen war und wer er jetzt sei. Es ist jedoch bekannt, daß er der weise Bote einer Gruppe von Geistwesen ist, der den Astralkörper eines Indianders als Vermittler zwischen seiner Sphäre und der unsrigen benutzt. Aber für ihn ist sein Werk wichtiger als sein Name.

„Ich bin nur ein einfacher Diener des Großen Geistes", sagte er einmal, „ein Dolmetscher für die Geistwesen, die mich gesandt haben, um vergessene Gesetze zu erklären als ein Teil der neuen Welt, die langsam herandämmert. Ich bin nur ein Bote. Ich bin die Stimme des Geistes, der auch eure Welt erfüllen soll und dem dies in immer stärkerem Maße gelingt. Wir wirken alle zusammen, alle mit dem gleichen Willen, in Harmonie, und alle mit dem gleichen Ziel. Meine

Geistlehrer benutzen mich genau so, wie ich dieses Werkzeug benutze, um eure Welt die Wahrheiten zu lehren, die so lange vergessen waren, die euch aber jetzt neu aufgezeigt werden, um im Leben von Tausenden von Männern und Frauen ihren angemessenen Platz einzunehmen."

Bei einer anderen Gelegenheit erklärte er: „Ich bin nur zurückgekommen, um einige grundlegende geistige Wahrheiten zu verkünden. Es scheint mir – und ich bin ein ziemlich alter Mann –, daß das, was eure Welt braucht, keine hochfliegende, theologische, abstrakte Sammlung von Lehren ist, sondern nur ein paar einfache Wahrheiten, die von den meisten Religionen gelehrt wurden – schon in längst vergangenen Tagen –, von Menschen, welche die Kraft des Geistes spürten, daß die ganze Menschheit zusammengehört, daß trotz aller körperlichen Unterschiede alle Menschen ein geistiges Band vereinigt."

„Ich sehe meine Aufgabe immer doppelt", sagte er bei einer anderen Zusammenkunft des Zirkels. „Einerseits ist sie rein zerstörerisch, andererseits ist sie schöpferisch. Zunächst muß ich all das Unkraut beseitigen, das die menschliche Seele zu lange erstickt hat, alle die falschen Lehren, die von den Kirchen verkündet werden, alle ihre unsinnigen, empörenden und manchmal sogar gotteslästerlichen Lehrsätze im Namen der Religion. All dies muß beseitigt werden, denn es hindert die Menschen daran, ihr Leben so zu gestalten, wie sie es sollten. Das ist der zerstörerische Teil.

Der schöpferische Teil meiner Aufgabe besteht darin, daß ich das Wissen zu verbreiten suche, daß ich zeige, wie vernünftig, wie einfach, wie schön und wahr es für alle ist, die bereit sind, es zu empfangen. Die beiden Aufgaben gehen Hand in Hand, und ich kümmere mich nicht um Menschen, die jede Kritik an überlieferten Falschheiten zurückweisen. Ich habe die Folgen einer falschen Lehre in dieser Welt und in der meinen zu genau kennengelernt."

In einer Zeit der Superlative, übergroßer Geschäftstüchtigkeit, gewandter Evangelisten, in der das Leben so schnell vergeht, daß viele von uns sich nicht die Zeit nehmen, nachzudenken, um ja nicht zurückzubleiben, sind die wohlüberlegten, ruhigen Worte Silberbirkes ein leuchtendes Licht im Dunkel der Zeit.

Er verkündet uns wunderbare Lehren, zeichnet uns ein klares Bild geistiger Gedanken und Taten, charakterlicher Sauberkeit, moralischen Mutes, ethischen Verhaltens an Gott, den Menschen und jedem Lebewesen.

Dieser Besucher aus der geistigen Welt ist voll Würde, Humor, Mitgefühl und Verständnis und voll untadeliger Größe in seinen Lehren. Dennoch ...

„In unseren Adern fließt dasselbe Blut, in jedem von uns wohnt derselbe Geist. Der Große Geist hat uns alle zu Mitgliedern derselben Familie gemacht. Die Kinder der Familie machen Unterschiede und erkennen nicht ihre Gemeinsamkeit. Sie müssen daran erinnert werden, daß es keinen echten Fortschritt gibt, bis diese geistigen Wahrheiten in der ganzen Welt erkannt werden.

Brüderlichkeit, Zusammenarbeit, Nächstenliebe, Duldsamkeit, – das sind die Grundlagen des gesamten Lebens, und bevor der Mensch dies nicht begreift, kann es keinen wahren Frieden geben. Helft euch gegenseitig, liebt einander, und wer viel hat, soll dem geben, dem es mangelt, – das sind die einfachen Wahrheiten, die immer und immer wieder betont werden müssen. Ich weiß, daß alle, die danach leben, als einzelne und als Volk, ein Leben bereiten, das dem Menschen bestimmt war."

Sicherlich ist dies einen Versuch wert ...

ISBN 3-923781-22-9
vierfarbig broschiert
mit zus. Goldschrift
154 Seiten, DM 22,80

Prof. Max Seiling

Goethe als Esoteriker

Viele der heutigen unzähligen „Esoteriker“ werden erstaunt sein, in Goethe einen der ihren entdecken zu dürfen. Für den wirklich Wissenden war es indessen längst kein Geheimnis, daß Goethe – der Freimaurer und Mystiker – ein erfahrener Esoteriker und großer Eingeweihter in die Urgeheimnisse des Lebens war. Astrologie, Mesmerismus, mystische Meteorologie, Physiognomik, Alchimie, Träume, Somnambulismus, Radiästhesie, Reinkarnation (über Frau von Stein sagte er: „Wir waren einst Mann und Weib“) und last not least sein unzweideutiger Geisterglaube („Die Geisterwelt ist nicht verschlossen“) spielten in seinem Forschen und Dichten eine nicht zu übersehende Rolle.

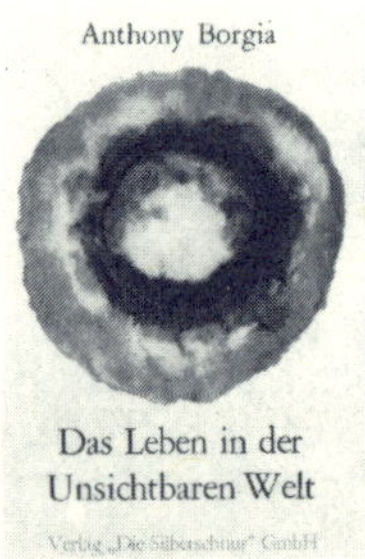

ISBN 3-923781-03-2
mehrfarbig, broschiert
268 Seiten, DM 29,80

Anthony Borgia

Das Leben in der unsichtbaren Welt

Unternehmen wir zum erstenmal – sagen wir – eine Reise nach Amerika, so erscheint es uns zweckdienlich, uns vorher über jenes Land zu informieren, um uns bei unserer Ankunft besser zurechtzufinden. In das Land des Jenseits, jener uns nach unserem irdischen Tod erwartenden „Geistigen Welt“, müssen wir aber alle einmal reisen!

Folgeband:
„Begegnungen in der unsichtbaren Welt“
broschiert, 156 Seiten, DM 19,80

ISBN 3-923781-09-1
farbig broschiert
156 Seiten, DM 18,80

Hinrich Ohlhaver

Die Toten leben

Dieses Buch macht den Leser mit Deutschlands wohl erstaunlichstem Medium bekannt. Unter den vielen medialen Fähigkeiten, die Elisabeth Tambke ausübte, sind die durch sie bewirkten Materialisationserscheinungen Verstorbener wohl die in ihrer „Leibhaftigkeit“ bemerkenswertesten gewesen, die je auf deutschem Boden demonstriert worden sein dürften.

Trutz Hardo: Wohl kaum ein anderes Buch vermag den Leser von einem Leben nach dem Tod und vom Vorhandensein einer Geisterwelt nachhaltiger zu überzeugen.

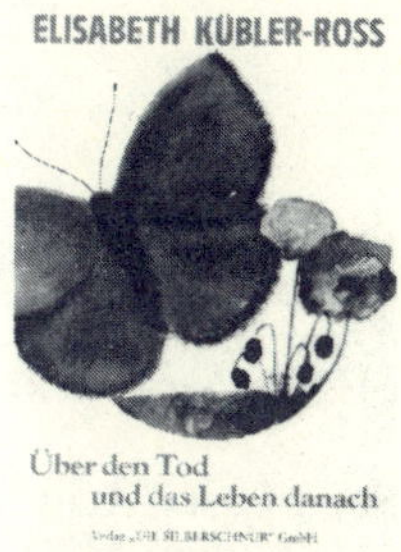

ISBN 3-923781-02-4
mehrfarbig, broschiert
90 Seiten, DM 16,80

Elisabeth Kübler-Ross

Über den Tod und das Leben danach

Zum erstenmal werden mit diesem Buch die Ergebnisse zum Thema „Über den Tod und das Leben danach" veröffentlicht, zu denen die berühmte Wissenschaftlerin und Ärztin Dr. ELISABETH KÜBLER-ROSS nach vielen Jahren des Erforschens an den Betten Sterbender gelangte.

„Ich glaube, es ist jetzt Zeit, daß die Leute wissen, daß der Tod gar nicht existiert, wenigstens nicht so, wie wir uns das vorstellen."

ISBN 3-923781-27-X
farbig broschiert
156 Seiten, DM 19,80

Anthony Borgia

Begegnungen in der Unsichtbaren Welt

In dem Buch „DAS LEBEN IN DER UNSICHTBAREN WELT" (Verlag „Die Silberschnur") hatte der bekannte englische Schriftsteller und Priester Robert Hugh Benson durch das Medium ANTONY BORGIA seinen Übergang in das Leben nach dem Tod und die jenseitige Welt, so wie sie ihm erschienen war, beschrieben. In diesem Buch führt er an der Seite von seiner Begleiterin Ruth einen Neuankömmling in das Jenseits ein. Sie zeigen und erklären ihm das Geschaute und stellen ihn einer Reihe von bedeutenden Personen vor, unter denen sich auch Tschaikowsky und Haydn befinden.

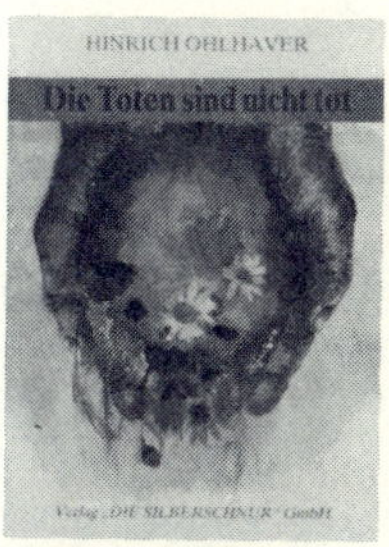

ISBN 3-923781-19-9
farbig broschiert
154 Seiten, DM 18,80

Hinrich Ohlhaver

Die Toten sind nicht tot

Dies ist der zweite Band zu Ohlhavers berühmtem Buch „DIE TOTEN LEBEN", welches im letzten Jahr bei uns erschienen ist. Wurden in letzterem die Phänomene geschildert, die durch das Materialisationsmedium Elisabeth Tambke geschahen, so berichtet dieser zweite Band darüber, wie es zu diesen Phänomenen kam und wie überhaupt auch von den Lesern spiritistische Gruppen gebildet werden können, um mit Geistwesen Verbindung aufzunehmen und Geistheilungen erfolgreich durchzuführen.

Gerda Scheer-Krüger

Die Falterprinzessin

– Ein Märchen –

mit 12 farbigen Aquarellen von
Elisabeth Grünwidl-Tobler

ISBN 3-923781-23-7
farbig kartoniert
32 Seiten, DM 14,80

Dieses bezaubernde und wunderschön illustrierte Buch ist weit mehr als ein Märchen. Es ist Ausdruck überirdischer Wirklichkeiten.

Für alle – vom jüngsten bis zum ältesten Leser, Lauscher und Betrachter –, die sich am lichtvollen Märchenglanz erfreuen können, wird der Text mit den wirklich „bezaubernden" Bildern ein willkommenes Geschenk sein.

Harold Sharp

Auch Tiere überleben den Tod

ISBN 3-923781-17-2
farbig broschiert
92 Seiten, DM 15,80

Indem das berühmte hellsichtige Medium Harold Sharp seine Erlebnisse mit „verstorbenen" Tieren erzählt, führt er zugleich den Beweis, daß Tiere den Tod überleben und sich aus ihrer jenseitigen Welt ihren irdischen Freunden bemerkbar machen oder zeigen können. Zugleich vermochte es der Autor, mit seinem Astralkörper das Jenseits aufzusuchen und das Erlebte in Erinnerung zu behalten. Somit haben wir in diesem Buch auch einen authentischen Bericht vorliegen über das Leben der Tiere in der jenseitigen Welt.

Gertrud Walter

Unterwegs zur menschlichen Ganzheit

– Eine physisch-spirituelle Fastenanleitung –

ISBN 3-923781-16-4
mehrfarbig broschiert
176 Seiten, DM 24,80

Dieses auf Erfahrungen der Autorin begründete Buch gibt dem Leser Anweisungen, wie er durch verschiedene Fastenmethoden an Leib und Seele Nutzen für sich ziehen kann. Vor allem derjenige, der nach spirituellen Erfahrungen sucht, findet hier über die anschaulich dargestellten praktischen Anleitungen hinaus ein komplettes Programm zum Wecken und Entfalten seiner übersinnlichen Begabungen. Ein Fastenbuch also, das es für geistig Suchende und Esoteriker bislang nicht gab und das manchen in seiner Entwicklung weiter bringen wird.